ESTRADA DA CIRCUNVALAÇÃO
VIA NORTE
VIA DE CINTURA INTERNA
E
PARQUE DE CAMPISMO DA PRELADA
RUA CARVALHIDO
RUA DO VALE FORMOSO
R. DE FARIA GUIMARÃES
AVENIDA DE SIDONIO PAIS
RUA DE PEDRO HISPANO
RUA DA CONSTITUIÇÃO
RUA DE EGAS MONIZ
RUA DAMIÃO DE GÓIS
CASA DA MÚSICA
Praça Mouzinho de Albuquerque
RUA DA BOAVISTA
RUA DE SANTA CATARINA
CEMITÉRIO DE AGRAMONTE
RUA DE JULIO DINIS
RUA DO CAMPO ALEGRE
JARDIM BOTÂNICO
RUA DE ENTRE CAMPOS
RUA GONÇALO CRISTOVÃO
RUA D. JOÃO IV
RUA DE SANTOS POUSADA
AV. FERNÃO MAGALHÃES
B
CEDOFEITA
MUSEO NACIONAL SOARES DOS REIS
TRINDADE
CÂMARA MUNICIPAL
C
Campo 24 de Agosto
JARDIM DO PALÁCIO DE CRISTAL
RUA DO OURO
IGREJA E TORRE DOS CLÉRIGOS
CENTRO PORTUGUÊS DE FOTOGRAFIA
COLISEU
Praça Poveiros
MUSEU MILITAR
CEMITÉRIO DO PRADO DO REPOUSO
ESTAÇÃO DE SÃO BENTO
SÉ
IGREJA E MUSEU DE SÃO FRANCISCO
CAIS DA RIBEIRA
AVENIDA GUSTAVO EIFFEL
AV. DIOGO LEITE
CAIS DE GAIA
PONTE DOM LUIZ I
MOSTEIRO DA SERRA DO PILAR
A
VILA NOVA DE GAIA
AUTOESTRADA DO NORTE
RUA PRINCESSA GAIA
SANTA MARINHA
AV. DA REPÚBLICA
AV. DOM JOÃO II
CASA E JARDIM BARBOT
MAFAMUDE
CASA MUSEU TEIXEIRA LOPES
D

Les incontournables

Les 10 lieux de visite à ne manquer sous aucun prétexte !

✪ Cais da Ribeira (A E3)
Avec ses pittoresques façades d'immeubles et ses *barcos rabelos* (embarcations traditionnelles) amarrés au pied du Ponte Dom Luiz I, ce quai revêt, étrangement, l'allure et la beauté d'un port méditerranéen. Les habitants de Porto et voyageurs s'y retrouvent pour déambuler et contempler la beauté des lieux. La longue "fresque" d'azulejos *Ribeira Negra* (1984), de l'artiste Júlio Resende, située à l'est entre le pont et l'entrée du tunnel, retranscrit admirablement l'effervescence que ce quai a toujours connue.

✪ Igreja e Museu de São Francisco (A C3)
Entrer dans cette église baroque, c'est se laisser envahir par le sentiment de pénétrer dans un autre monde. La lumière naturelle traverse la grande rosace au-dessus de l'entrée principale, inonde la nef centrale, puis laisse éclater l'or des centaines de boiseries sculptées, représentant chérubins, oiseaux, coquillages... On se laisse éblouir par autant de richesse, de détails, un tel travail d'orfèvre. Les sculptures de l'arbre de Jessé, dans la chapelle latérale gauche, sont de Manuel Carneiro Adão.

✪ Centro Português de Fotografia (B E3)
Le travail de réhabilitation de l'ancienne prison de la ville (et palais de justice), par les architectes Eduardo Souto de Moura et Humberto Vieira, est tout simplement remarquable. Le Relação, ancien nom donné à cette énorme bâtisse à la façade de style néoclassique, peut désormais dignement rivaliser avec les plus grands musées européens de la photographie.

✪ Igreja e Torre dos Clérigos (B F3)
Véritable tour de contrôle, elle permet du haut de ses 75 m d'apprécier le relief assez incroyable de la cité, de suivre les méandres du fleuve en contrebas, de compter les nombreux clochers environnants et de suivre les perspectives des avenues principales. À l'est notamment, dans le prolongement de la Rua dos Clérigos, on aperçoit les reflets bleus des églises dos Congregados (**C** A2) et Santo Ildefonso (**C** B2).

✪ Estação de São Bento (C A3)
En début d'après-midi, les rayons du soleil traversent les sept larges fenêtres de la façade de l'édifice et viennent illuminer la magnifique salle des pas perdus, tapissée d'azulejos : un spectacle de toute beauté ! Derrière la belle horloge en bois, sous la verrière, chaque jour à la même heure, le célèbre train de la vallée du Douro part à destination de Pocinho dans l'Alto Douro.

✪ Ponte Dom Luiz I (D E1)
Étant donné la topographie de la ville, ce pont est devenu incontournable, que l'on veuille passer de la Ribeira à Gaia, par le bas, ou de la cathédrale, la Sé (**C** A4), au Mosteiro da Serra do Pilar (**D** E2), par le haut. Il fallait autrefois franchir le fleuve par un pont assemblé avec de vieilles barques. Ce dernier fut le théâtre d'un drame en 1809, lorsque l'armée d'invasion napoléonienne précipita dans l'eau des centaines de Portuans. Une promenade sur l'étroit passage piéton du tablier supérieur reste inoubliable.

✪ Cais de Gaia (D D1)
On y accède par le téléphérique ou par le tablier inférieur du Ponte Dom Luiz I. Les amoureux s'y retrouvent en soirée pour la vue unique sur les monuments de la vieille ville de Porto, avec au premier plan les bateaux traditionnels. À l'heure où les vieilles salles de cinéma ont toutes fermé, l'endroit serait idéal pour une projection en plein air à l'italienne...

✪ Casa da Música (E E3)
Cet édifice à l'architecture audacieuse (Rem Koolhaas) propose de multiples activités : concerts (jazz, classique, fado, etc.), studios de musique, cours, bar, restaurant. À l'extérieur, sur les plans inclinés et les vagues de l'immense terrasse, skateurs et "bmxistes" s'exercent et paradent. Ils ont définitivement adopté le site. Le temps d'une nuit, une fois par mois, le lieu se transforme en un temple de la musique électronique.

✪ Fundação e Casa de Serralves (E A2)
Les habitants se rendent au parc de Serralves (18 ha) en soirée ou le week-end pour se ressourcer, flâner dans le calme, au milieu de sculptures, fontaines, carrés de plantes aromatiques, roseraies. Légèrement en retrait de l'Avenida da Boavista, l'accès s'effectue de l'entrée du musée de la Fondation Serralves, nouvelle vitrine de l'art contemporain à Porto. La Casa de Serralves, toute rose, à découvrir au hasard des allées boisées, illustre le style "paquebot" Art déco.

✪ Avenida do Brasil e de Montevideu (F C4-C5)
Les baigneurs se font rares, seuls les surfeurs émérites affrontent les vagues et l'eau glacée de l'Atlantique. Au-dessus du sable blond et des rochers, une passerelle en bois permet d'observer le spectacle. Une jolie pergola, une large esplanade, des villas bourgeoises, des maisons d'architectes, quelques palmiers viennent compléter le tableau de ce littoral très prisé des Portuans le week-end.

IGREJA DE SÃO FRANCISCO

CAIS DA RIBEIRA

ESTAÇÃO DE SÃO BENTO

CASA DA MÚSICA

PONTE DOM LUIZ I

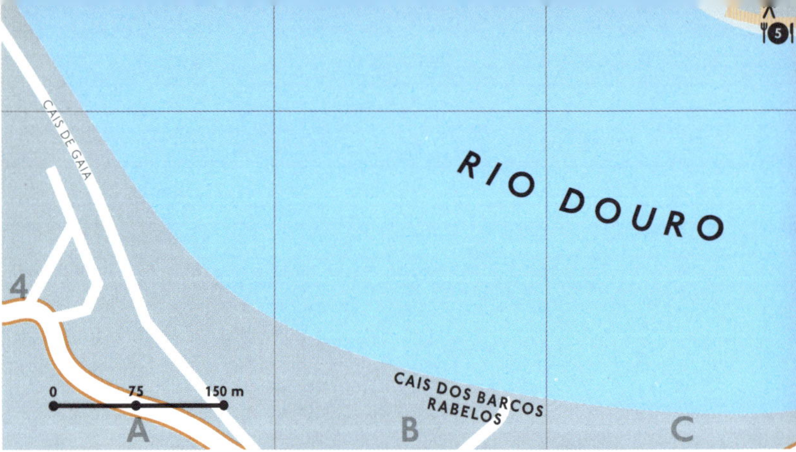

PALÁCIO DA BOLSA

IGREJA E MUSEU DE SÃO FRANCISCO

★ Cais da Ribeira E3
Dominé par le Ponte Dom Luiz I, ce quai majestueux s'étire entre le Douro et la Muralha Fernandina (XIVe s.). Au "balcon", Rua de C. do Muro, les couleurs et les azulejos des immeubles éclatent au soleil. Sous les arcades, les restaurants et leurs larges terrasses offrent une vue imprenable sur le fleuve et les chais de Gaia.

★ Praça da Ribeira D3
Jadis accès principal de la ville et lieu de négoce portuaire, cette place est devenue le lieu de rendez-vous des Portuans. À la place de la porte médiévale, une étrange fontaine contemporaine en forme de cube. Juste à côté, la statue de saint Jean domine une autre fontaine, celle de la Rua de São João (XVIIIe s.).

★ Casa do Infante D3
→ *Rua da Alfândega, 10*
Tél. 222 060 400
Mar.-dim. 9h-12h, 14h-17h
Cet ancien bâtiment des douanes aurait vu naître en 1394 l'Infant Dom Henri (le Navigateur). Le musée d'histoire de la ville y a pris place : vestiges archéologiques et maquettes présentant la physionomie de la cité au Moyen Âge.

★ Praça do Infante Dom Henrique D3
Sur la place se dressent la silhouette de l'ancien marché et le palais de la Bourse, et, au centre, la statue en bronze (1900) de l'Infant Dom Henri, figure légendaire des découvertes maritimes et de l'expansion coloniale du Portugal.

Mercado Ferreira Borges / Centro de Animação Cultural D2
→ *Tél. 707 100 021*
Tlj. 9h-0h (4h ven.-sam.)
Édifice métallique (1888) dessiné par João Carlos Machado. Son architecture avenante et légère resplendit à la nuit tombée en haut de la Praça do Infante. Depuis 2009, un centre multiculturel a succédé à l'ancien march aux fruits.

Palácio da Bolsa C3
→ *Tél. 223 399 000*
Avr.-oct. : tlj. 9h-18h30 ; nov.-mars : tlj. 9h-12h30, 14h-17h3
La façade néoclassique de l'ancien palais de la Bourse (1885) paraît un peu austère. Pourtant, au fond du Pátio das Naçoes (patio des Nations), un escalier monumental mène à une enfilade de pièces d'apparat : salon Louis XVI, salon Renaissance français et salon arabe.

★ Igreja e Museu de São Francisco C3
→ *Rua do Infante D. Henrique*
Tél. 222 062 100

CAIS DA RIBEIRA

PRAÇA DA RIBEIRA

A Ribeira

Le centre historique a retrouvé de sa superbe : quartier piéton, immeubles restaurés, quais aménagés. Au nord, les pittoresques Ruas das Flores et de Belmonte débouchent à l'arrière du Mercado Ferreira Borges, qui ressemble à un rubis serti au bas de la colline de granit. Juste à côté, sur la Praça Dom Henrique, l'église São Francisco et le Palácio da Bolsa rivalisent d'opulence, avec leurs intérieurs d'or, de stuc et de bois précieux. Au sud, dans les ruelles en pente, l'affluence touristique est grande mais le piéton est roi ! Sur le Cais (quai) da Ribeira, au pied des vestiges de l'ancienne muraille, l'atmosphère demeure festive et populaire.

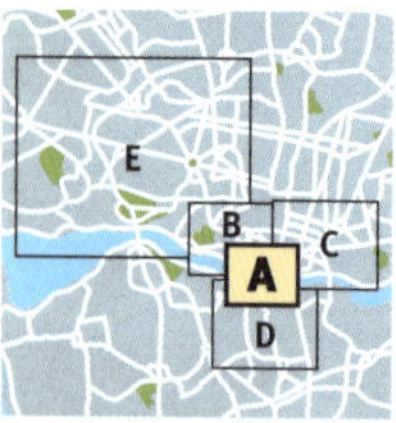

PIMMS

HARD CLUB

RESTAURANTS

Pimms C3 1
→ *Rua do Infante Dom Henrique, 95 Tél. 222 015 172 Lun.-sam. 12h-15h, 19h-0h (1h ven.-sam.)*
Murs, tables, vaisselle d'un blanc monacal. Chic et pas trop cher mais très couru (réserver). Morue, crudités, sandwichs bien préparés. Plat 10-17€.

Traça D2 2
→ *Largo de São Domingos, 88 Tél. 222 081 065 Lun.-ven. 12h-15h30, 19h30-0h ; sam. 12h30-16h30, 19h-1h*
Ici, l'inspiration est ibérique : carpaccio de chevreuil, poulpes, poissons grillés... Espace atypique et raffiné, deux salles en mezzanine et à l'entresol, fourneaux à l'étage intermédiaire. Assiettes joliment dressées. Plat 12-19€.

Hard Club D2 3
→ *Mercado Ferreira Borges Tél. 935 274 541 Tlj. 12h-0h (2h ven.-sam.)*
Monter à la mezzanine du marché en fer forgé pour découvrir le restaurant contemporain du chef Luis Américo. Petits plats portugais revisités, cocktails et mélanges de fruits très élaborés. Fond musical agréable. Plat 12,50€.

Solar do Pátio D2 4
→ *Rua Mouzinho da Silveira, 64/A Tél. 222 083 892 Lun.-sam. 12h-16h, 19h-2h*
Au fond d'un passage, dans une petite maison ocre, on se régale sous les poutres de copieuses portions de *bacalhau* et d'*arroz de pato* (riz au canard). Terrasse pavée très calme. Concerts sur la mini estrade le w.-e. Plat 13€.

Vinhas d'Alho C3 5
→ *Muro dos Bacalhoeiros, 139 Tél. 222 012 874 Tlj. 12h-15h, 19h-22h30*
Vue magnifique sur le fleuve, le pont Luis et les caves de l'autre rive. On se régale ici d'un tartare de cabillaud, de morue en croûte ou d'une mousse de lavande en dessert. En prime, une touchante prestation de fado par la maîtresse de maison polyglotte, accompagnée de ses deux guitaristes. Plat 13-19€.

Dop D2 6
→ *Largo de São Domingos, 18 Tél. 222 014 313 Tlj. 12h30-15h, 19h30-23h*
Le Dop célèbre le retour du grand chef Rui Paula sur sa terre natale, dans un intérieur moderne et élégant. Deux menus gastronomiques à thème : Memoria (65€) et Mar

P

INSTITUTO DOS VINHOS

LOBO TASTE

(75€) pour une dégustation de 14 plats classiques renouvelés. Plat 19-23€.

CAFÉ, BAR

Peter Café Sport E3 7
→ *Cais da Ribeira, 24*
Tél. 222 025 191
Été : tlj. 10h-2h ; hiver : lun.-sam. 11h-0h (2h ven.-sam.)
Sous les voûtes de la Muralla Fernandina, un petit bar réunissant les amoureux de la mer. Ambiance café des sports, commentaires du *Jornal de Noticias*, autour d'un gin tonic, une bière Sagres ou Super Bock.

Está-se-Bem D3 8
→ *Rua da Fonte Taurina, 70*
Tél. 222 004 249
Lun.-sam. 20h-2h
La clientèle, plutôt bohème, de ce bar ouvert sur la rue, déborde sur le trottoir. Un lieu animé avec des consommations beaucoup moins chères qu'ailleurs. Spécialité : la *ginjinha* (liqueur de cerises).

PUB, CLUB

Ryan's Irish Pub D3 9
→ *Rua do Infante Dom Henrique, 18 Tél. 222 005 366*
Lun.-sam. 16h-2h (4h ven.-sam.), dim. 17h-2h
Blonde locale trop légère ? Bienvenue dans ce temple surchauffé des nuits irlandaises. Grande sélection de bières et de whiskies. Attention, niveau sonore déjà élevé avant le début des concerts.

Hard Club D2 10
→ *Mercado Ferreira Borges*
Tlj. 9h-0h (4h ven.-sam.)
Basé auparavant sur les rives de Gaia, le célèbre club a perdu en taille mais gagné en diversité et notoriété. Programmation éclectique : soirées dansantes, électroniques, pop, rock... et parfois même théâtre et cinéma. Boîte de nuit ensuite.

CLUB LITTÉRAIRE

Pinguim Café C2 11
→ *Rua de Belomonte, 65*
Tél. 916 048 413 Tlj. 21h-4h
Ambiance détendue et festive dans ce pub aux résonances culturelles. Entre les murs en granit, livres à disposition, jeux de société et lectures de poésie tous les lundis soirs.

SHOPPING

Azeitoneira do Porto E3 12
→ *Cais da Ribeira, 36*
Tél. 222 007 303
Tlj. 10h-23h (20h lun.)
Blottie sous l'une des arcades de l'ancienne muraille, une épicerie où ne manquent ni les olives, ni les saucissons, les fromages, les pains (*Broa de Milho*, pain de maïs). Idéal pour préparer son pique-nique !

Essência Lusa D2 13
→ *Rua de São João, 85*
Tél. 961 136 944 Tlj. 10h-20h
Sur de larges étagères blanches : miel, vins, épices, savons, céramique et jouets artisanaux. Accueil chaleureux.

Instituto dos Vinhos C2 14
→ *Rua Ferreira Borges, 27*
Tél. 222 071 600
Lun.-ven. 11h-19h
L'"institut des vins" pour découvrir les vins de Porto : Ruby fruités, Tawny boisés... Dégustation (1,20-9,90€) aidant à définir ses goûts avant de passer en boutique. Salle d'exposition et vidéo.

Armazém B2 15
→ *Rua de Miragaia, 93*
Tél. 222 011 702 Tlj. 11h30-20h
Un lieu magique et chaleureux aménagé dans un ancien hangar de la Porto Real Companhia Velha. Des créateurs de vêtements, bijoux, objets de décoration proposent de l'original et de l'insolite. Difficile de résister ! On peut aussi y boire un verre et déguster des *petiscos* en profitant des expositions de peintures.

Lobo Taste D2 16
→ *Largo São Domingos, 20*
Tél. 935 608 158 Lun.-sam. 10h-19h, dim. 15h-18h
Artisanat contemporain, large sélection du décorateur Paulo Lobo : figures en céramique, jouets, lampes, paniers, tissus... Et une collection de chapeaux colorés !

Livraria Chaminé da Mota D2 17
→ *Rua das Flores, 28*
Tél. 222 005 380
Lun.-ven. 9h30-12h30, 14h30-19h ; sam. 9h30-13h
Cartes postales, bandes dessinées, livres reliés rares, lithographies et nombreux ouvrages littéraires (certains en français). Un véritable cabinet de curiosité !

A Pérola da India E1 18
→ *Rua das Flores, 220*
Tél. 222 006 783 Lun.-sam. 9h-12h30 (13h sam.), 14h30-19h
Voici l'épicerie de référence, fraîchement achalandée, un rien surannée avec de bons vins de Porto à prix raisonnables, épices, fruits secs, saucisses, morue séchée. Qualité garantie !

...SA DO INFANTE

PRAÇA DO INFANTE DOM HENRIQUE

MERCADO FERREIRA BORGES

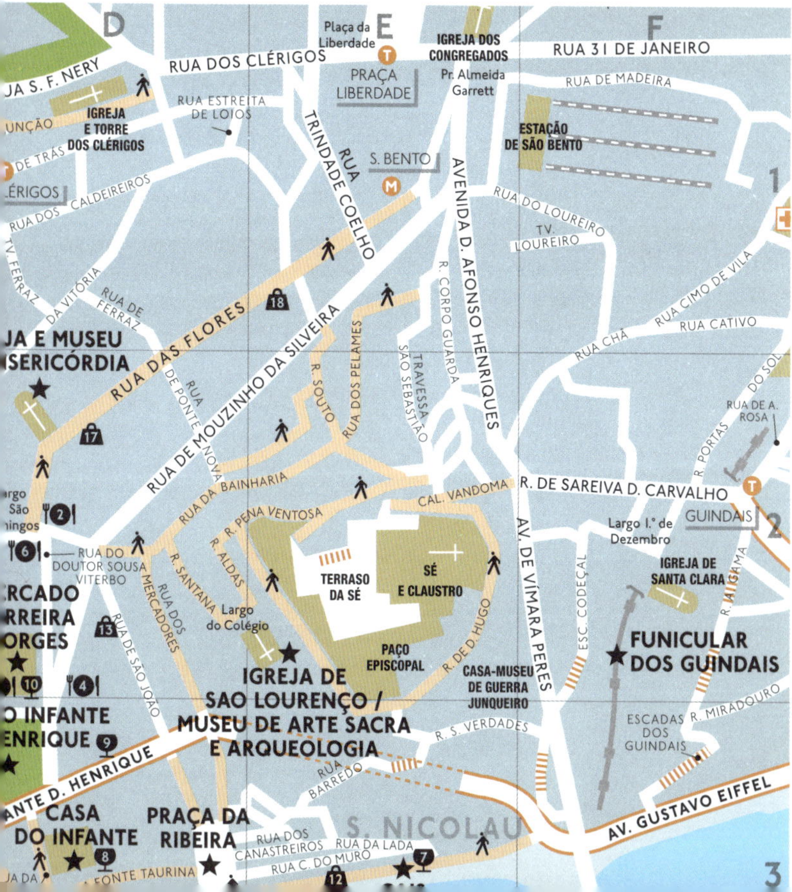

REJA DE SÃO NICOLAU

IGREJA DE SÃO LOURENÇO

FUNICULAR DOS GUINDAIS

rs-juin, oct. : tlj. 9h-19h ;
.-sep. : tlj. 9h-20h ;
v.-fév. : tlj. 9h-18h
nef, le chœur et les apelles latérales de cette lise (XVe s.) ont été ornés XVIIe s. de *talhas douradas* oiseries couvertes de uilles d'or), si bien que caractère ostentatoire s lieux rendit impossible ute célébration d'offices igieux ! Impressionnante pte au Museu de São ncisco, juste en face.

Igreja São Nicolau C3
Rua do Infante D. Henrique, Tél. 222 004 486
., mer.-sam. 9h-12h, -20h ; dim. 9h-11h
Une petite église baroque (1762), couverte d'azulejos, au charme fou. Peintures (João Glama) et sculptures rococo en bois (Manuel de J. Monteiro) de part et d'autre de la nef.

★ Alfândega / Museu dos Transportes A2
→ Rua Nova da Alfândega
Tél. 223 403 000
Mar.-ven. 10h-13h, 14h-18h ; w.-e. 15h-19h
Cet ancien bâtiment néoclassique des douanes a été réhabilité en 1993 par l'architecte Souto Moura. Salles immenses reconverties en musée de l'Automobile et en espaces culturels.

★ Igreja de São Lourenço / Museu de Arte Sacra e Arqueologia E2
→ Largo do Colégio
Tél. 222 395 020 Mar.-sam. 10h-13h30, 14h30-17h30
On reconnaît cette église (XVIe s.) de loin à sa façade d'époque baroque flanquée de deux tours symétriques. À l'intérieur : une superbe voûte en granit, une très belle sacristie et le musée d'Art sacré et d'Archéologie.

★ Funicular dos Guindais F2
→ Av. G. Eiffel Tél. 808 205 060 Mai-juil., sep.-oct. : tlj. 8h-22h (oh jeu.-sam.) ; août : tlj. 8h-oh ; nov.-avr. : tlj. 8h-20h
Le funiculaire (1891) relie le quai de la Ribeira à la colline de Batalha. Il permet de s'affranchir en 3 min de l'ascension à pied des Escadas dos Guindais.

★ Igreja e Museu da Misericórdia D2
→ Rua das Flores, 15
Tél. 222 074 410 Mar.-ven. 8h-12h, 14h-17h30 ; w.-e. 8h-12h
Fondée en 1499, la Santa Casa da Misericórdia était une institution vouée à la solidarité, avant d'être transformée en musée en 2015. Y sont présentés peintures et bijoux du XVIe au XVIIIe s. L'église baroque, réhabilitée au XVIIIe s. par Nasoni, se visite également.

CENTRO PORTUGUÊS DE FOTOGRAFIA

IGREJAS DOS CARMELITAS E DO CARMO

RUA CEDOFEITA

★ Jardim do Palácio de Cristal B2
→ *Rua de D. Manuel II Avr.-sep. : tlj. 8h-21h ; oct.-mars : tlj. 8h-19h*
Un grand parc romantique ponctué d'allées de tilleuls, de pelouses, de fontaines... Au centre, le pavillon du Sport Rosa Mota, dôme hémisphérique en béton qui a succédé au Palácio de Cristal.

Jardim dos Sentimentos B3
Un intime jardin en terrasse agrémenté de bassins géométriques, offrant une vue splendide sur le fleuve.

★ Museu Romântico A2
→ *Rua de Entre-Quintas, 220 Tél. 226 057 032 Mar.-sam. 10h-17h30 ; dim. 10h-12h30, 14h-17h30*
Lovée au milieu des chênes, la villa Macieirinha s'affiche comme un parfait exemple du cadre de vie de la bourgeoisie portuane du XIXe s. : tableaux, billard, mobilier, vaisselle...

★ Rua Miguel Bombarda D1
→ *Galeries d'art Mar.-sam. 14h-19h30*
La rue des galeries de la ville : peintres, sculpteurs et autres *performers*... Les amateurs d'art contemporain s'y côtoient et dissertent sur les dernières créations autour d'un verre, dans les galeries ou dans les bars. Non loin, ce sont les jeunes créateurs de mode qui se retrouvent autour du Centro Comercial Bombarda (au n° 285).

★ Museu Nacional Soares dos Reis C2
→ *Palácio dos Carrancas Rua de D. Manuel II, 44 Tél. 223 393 770 Mar.-dim. 10h (14h mar.)-18h*
Demeure bourgeoise en granit du XVIIIe s., de couleur ocre. Collection permanente : peintures (G. Vasco, H. Poussão, A. Silva Porto...) et sculptures (A. Soares dos Reis...) des XIXe et XXe s., porcelaines de la Fábrica de Miragaia, bijoux...

★ Jardim da Cordoaria E3
→ *Campo dos Mártires da Pátr*
Jardin public très rafraîchissant en été avec ses allées de platanes et sc bassin entouré des statues de T. Lopes, R. Ortigão et T. Costa. Étonnantes sculptures en bronze (Juan Muñoz) en bordure du parc figurant des personnages rieurs et moqueurs.

★ Centro Português de Fotografia E3
→ *Campo dos Mártires da Pátr Tél. 220 046 300 Sep.-juin : mar.-ven. 10h-12h30, 14h-18h ; w.-e. 15h-19h / juil.-août : lun. 10h-18h, mar.-ven. 10h-12h30, 14h-18h ; w.-e. 15h-19h*

JARDIM DOS SENTIMENTOS

MUSEU ROMÂNTICO

RUA MIGUEL BOMBARDA

À l'ouest de la Baixa, les paisibles collines boisées du jardin du Palácio de Cristal semblent préservées de l'effervescence du centre-ville : les paons paradent et accompagnent les visiteurs vers les terrasses d'observation du Douro. La silhouette de l'emblématique Torre dos Clérigos, ambassadrice du style baroque, domine les toits de la ville. Un peu plus au nord, la jeunesse estudiantine refait le monde autour de la fontaine des Lions sur la Praça Gomes Teixeira et de la Rua de Cedofeita, avant la traditionnelle virée nocturne endiablée vers l'est, où s'alignent les bars et les cafés les plus branchés !

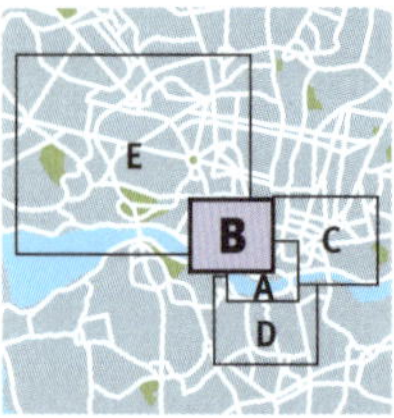

CHURRASCARIA ASSADOR

O CARAÇAS

RESTAURANTS

Casa Sto António F3 1
→ *Rua São Bento da Vitória, 80 Tél. 938 704 632 Mar.-sam. 12h-15h*
Une "tasca gourmet", pour se délecter de bonnes tapas à la portugaise (*petiscos*) : brandade de morue, ragoût de porc, fromage... *Petisco* 3,25€.

Sins F1 2
→ *Rua da Conceição, 59 Tél. 222 010 648 Mar.-dim. 12h-23h (0h jeu.-sam.)*
Dans cette ancienne fabrique de céramique, on sert une gamme de sandwichs pas comme les autres : *costela mendinha*, à la viande de bœuf cuite pendant 7 heures, burger *fumado* (fumé sur place, avec une sauce barbecue maison)... Menu 6-8€.

Rota do Chá C2 3
→ *Rua Miguel Bombarda, 457 Tél. 220 136 726 Lun.-sam. 11h-20h, dim. 12h-21h*
Les étudiants plébiscitent son atmosphère zen : salle Ganesh, terrasse marocaine et jardin oriental. Soupes, salades, quiches... Dégustation de thé (plus de 300 variétés !). Plat 6-12€.

Churrascaria Assador Tipico D2 4
→ *Rua de D. Manuel II, 18-22 Tél. 222 015 149 Tlj. 12h-15h, 19h-1h*
De longues tablées dans une maison centenaire (azulejos et mur en granit). Spécialités de *picanha* (bœuf) grillé, brochettes de poulpes. Portions généreuses. Plat (midi) 6-14€, (soir) 10-20€.

Bugo Art Burger C2 5
→ *Rua Miguel Bombarda, 598 Tél. 226 062 179 Lun.-jeu. 12h-15h, 19h30-23h ; ven.-sam. 12h30-16h, 19h30-0h*
Ici le célèbre sandwich révèle des saveurs portugaises ! *Vegie de grão* (burger végétarien), *burger de salmão* (saumon) sur les rythmes d'un DJ. Plat 8€.

A Tasquinha E2 6
→ *Rua do Carmo, 23 Tél. 223 322 145 Lun.-sam. 12h-15h30, 19h-0h*
Dans un cadre rustique, dégustation de plats traditionnels portugais : filets de poulpe et beignets de morue avec du riz à la tomate ou des haricots rouges. Large choix de desserts. Plat 10-20€.

O Caraças E4 7
→ *Rua das Taipas, 27 Tél. 222 017 179 Lun.-sam. 11h30-14h30, 19h-23h*
À midi, les travailleurs se pressent dans la salle à l'entresol ou à la terrasse à l'arrière. *Bacalhau*

JA GALERIA DE PARIS

RUA CÂNDIDO DOS REIS

Ó ! GALERIA

a Gomes de Sá vivement conseillée, à la bonne franquette ! Plat 12-15€.

Book A2 8
→ *Rua Avis, 10 Tél. 917 953 387 Tlj. 12h-15h, 19h30-23h*
Installé dans une ancienne librairie, le Book en a conservé l'atmosphère. Tout ici tend à tisser des liens entre littérature et gastronomie, à l'instar du menu, divisé en chapitres. Cuisine méditerranéenne de qualité. Réserver. Plat 15-20€.

Antiqvvm A2 9
→ *Rua de Entre Quintas, 220 Tél. 226 094 749 Lun.-sam. 16h-20h (0h ven.-sam.)*
Au pied du Museu Romântico, une terrasse arborée donne sur l'embouchure du Douro : splendide ! Une bonne table orchestrée en cuisine par le chef Vitor Matos. Toiles contemporaines et confortables canapés à l'intérieur. Menu dégustation 60-75€ (sans le vin), plat à partir de 17€.

CAFÉS

Âncora d'Ouro (O Piolho) E3 10
→ *Praça Parada Leitão, 45 Tél. 222 003 749 Lun.-sam. 8h30-4h*
Le "Pou" rassemble des générations d'étudiants. Autour d'un *cimbalino* (café) ou d'une pression accompagnés de *tremoços* (en-cas), on refait le monde ! Et aussi, des plats à la carte. Marée humaine le w.-e.

Casa de Ló E2 11
→ *Travessa Cedofeita, 20 Tél. 914 900 409 Lun.-sam. 10h-2h, dim. 14h-22h*
Une boutique centenaire reconvertie en bar ! À l'arrière, jolie salle avec poutres apparentes et mini terrasse.

BARS, CLUB

Ruas Galeria de Paris e Cândido dos Reis
The place to be ! C'est ici que vibrent les nuits de Porto. Trottoirs bondés, mélange musical et faune cosmopolite.

Plano B F3 12
→ *Rua Cândido dos Reis, 30 Tél. 220 105 641 Mer.-sam. 22h-2h (4h jeu. ; 6h ven.-sam.)*
Un lieu d'expos et de performances artistiques... qui surchauffe en soirée ! Les meilleurs DJ portugais s'y produisent ! Rock, électro, reggae.

Baixa Bar F3 13
→ *Rua Cândido dos Reis, 52 Tél. 222 015 855 Mar.-sam. 12h-2h (4h ven.-sam.), dim. 16h-2h*
Courbes, asymétrie, design magique orchestrés par J. Carloz Cruz pour des sons rock, électro, *dance*... Surtout fréquenté par les 30-45 ans.

Galeria de Paris F2 14
→ *Rua Galeria de Paris, 56 Tél. 222 016 218 Tlj. 9h-3h (4h ven.-sam.)*
Surprenante Fiat Cinquecento accrochée au mur et vitrines remplies de jouets anciens. Buffet et salon de thé en journée, DJ et concerts le soir.

Lusitano F2 15
→ *Rua José Falcão, 137 Tél. 222 011 067 Mer.-sam. 22h-4h*
Gays et hétéros s'y retrouvent pour des sets mémorables. Dance-floor avec projection vidéo. Concerts le mer.

GALERIE D'ART

Cruzes Canhoto C2 16
→ *Rua Miguel Bombarda, 452 Tél. 223 197 406 Tlj. 10h-19h*
Cette galerie expose de l'art brut, primitif et populaire. Une combinaison à la fois atypique et intrigante.

SHOPPING

Casa Oriental F3 17
→ *Campo dos Mártires da Pátria, 111-112 Tél. 222 002 530 Lun.-sam. 9h-19h30 (13h sam.)*
Sur la devanture colorée, une peinture controversée représente un nabab au temps des colonies. Fruits et légumes, fruits secs, etc.

A vida portuguesa F3 18
→ *Rua Galeria de Paris, 20 1er ét. Tél. 222 022 105 Lun.-sam. 10h-20h, dim. 11h-19h*
Dans une ancienne boutique de tissus au charme très XIXe s., babioles et objets artisanaux occupent les longs comptoirs : jouets, boîtes, savons, huiles...

Ó ! Galeria E1 19
→ *Centro Comercial Bombarda, Rua Miguel Bombarda, 61 Tél. 934 700 820 Lun.-sam. 12h-20h*
À l'entrée du centre commercial alternatif de la jeunesse de la ville, une galerie de dessins, peintures, illustrations de jeunes auteurs... Verre au Pimenta Rossa voisin obligatoire !

Guapa E1 20
→ *Rua Cedofeita, 300 Tél. 222 084 417 Lun.-sam. 10h-19h*
Nombreux et jolis modèles de chapeaux féminins et masculins, pour se protéger du soleil ou de la pluie. Également, une belle offre de bijoux artisanaux en acier, fabriqués sur place.

MUSEO NACIONAL SOARES DOS REIS

JARDIM DA CORDOARIA

IGREJA E TORRE DOS CLÉRIGOS

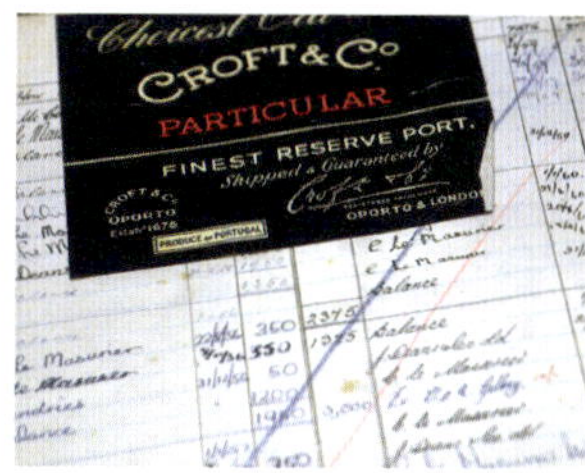

MUSEU DO VINHO DO PORTO

las bien connue sous
égime de Salazar,
ncienne prison de Relação
IIIe s.) abrite aujourd'hui
musée de la Photo.
menses salles permettant
recul appréciable pour
observation des tirages.
cheminement s'affranchit
s lourdes portes, traverse
cour des prisonniers et les
ciennes cellules.

Igrejas dos rmelitas e do Carmo

Rua do Carmo
222 078 400
***ja dos Carmelitas** Lun.-ven.*
o-19h, w.-e. 9h-18h45
***ja do Carmo** Lun., mer.*
12h, 13h-18h ; mar., jeu.-dim.
9h-18h (17h30 ven. ; 16h sam. ; 13h30 dim.)

Deux églises baroques (XVIIIe s.), mitoyennes, avec des *talhas douradas*. Sur le flanc gauche de l'Igreja do Carmo, une paroi d'azulejos (C. Branco) étincelante, la plus grande de la ville !

★ Rua Cedofeita E2

Deuxième artère commerciale après la Rua de Santa Catarina, pavée de petits carreaux noir et blanc. Boutiques populaires et bon marché. Succession de cafés jusqu'à la sémillante et fleurie Pr. de C. Alberto.

★ Igreja e Torre dos Clérigos F3

→ Rua de S. Filipe de Nery
Tél. 220 145 489
***Torre** Tlj. 9h-19h **Igreja** Tlj. 8h45-12h30, 15h30-19h*

La référence du baroque à Porto ! Au sommet d'un escalier monumental à balustres, une église de forme oblongue, dessinée par l'architecte N. Nasoni (1691-1773). Panorama du haut de la tour de 75 m. Le carillon assourdissant s'éveille à 12h et à 18h !

★ Livraria Lello F3

→ Rua das Carmelitas, 144
Tél. 222 002 037 Oct.-juin : lun.-sam. 10h-19h30 (19h sam.) ; juil.-sep. : lun.-sam. 10h-19h30 (19h sam.), dim. 11h-19h

Une prestigieuse librairie (1881), classée au patrimoine national. Derrière la façade néogothique au pignon dentelé, un spectaculaire escalier à double volée, des balustrades en bois et des vitraux au plafond ! Petit café au 1er étage.

★ Museu do Vinho do Porto B3

→ Rua de Monchique, 45
Tél. 222 076 300
Mar.-sam. 10h-17h30 ; dim. 10h-12h30, 14h-17h30

Le musée du Vin, installé sous les voûtes de l'ancien entrepôt de la Compagnie des vins de l'Alto Douro. Pour tout savoir de l'histoire et de l'activité commerciale du vin de Porto.

CAPELA DAS ALMAS DE SANTA CATARINA

RUA DE SANTA CATARINA

★ Sé e Claustro A4
→ *Terreiro da Sé*
Tél. 222 059 028 ***Catedral*** *Avr.-juin, oct. : tlj. 9h-12h30, 14h30-19h / juil.-sep. : lun.-sam. 9h-19h ; dim. 9h-12h30, 14h30-19h / nov.-mars : tlj. 9h-12h30, 14h30-18h* ***Claustro*** *Avr.-juin, oct. : lun.-sam. 9h-12h15, 14h30-18h30 ; dim. 14h30-18h30 / juil.-sep. : tlj. 9h (14h30 dim.)-18h30 / nov.-mars : lun.-sam. 9h-12h15, 14h30-17h30 ; dim. 14h30-17h30*
Très remaniée au XVIIIe s., la cathédrale d'origine romane ressemble à une église fortifiée. Les simples piliers romans de la nef centrale tranchent avec les dorures de l'autel et les fresques signées Nasoni. À ne pas manquer, la rosace du XIIIe s., les très beaux azulejos dans le cloître cistercien (XIe s.).

★ Casa-Museu de Guerra Junqueiro A4
→ *Rua de D. Hugo, 32*
Tél. 222 003 689 Mar.-sam. 10h-17h30 ; dim. 10h-13h, 14h-17h
Maison de style baroque du XVIIIe s. léguée à la ville par la famille d'Abilio Manuel Guerra Junqueiro (1850-1923). Peintures, sculptures, porcelaines... accumulées au cours des voyages du célèbre poète et écrivain politique.

Fundação Guerra Junqueiro A4
→ *Rua de D. Hugo, 32*
Tél. 222 001 155
Mar.-sam. 14h30-17h30
Objets, meubles et livres personnels de l'écrivain.

★ Praça da Liberdade A2
Toutes les manifestations populaires s'achèvent au pied de la statue équestre de Pierre IV sur la Pr. da Liberdade. Larges trottoirs, élégants immeubles en granit coiffés de dômes sur l'Av. dos Aliados, jusqu'à l'édifice néoclassique de la Câmara Municipal (mairie).

★ Estação de São Bento A3
→ *Praça de Almeida Garrett*
À l'instar de ses sœurs européennes, la gare (1896-1916) arbore une façade néoclassique et une structure en fer forgé et verre. À voir, la fresque de plus de 20 000 azulejos dans le hall d'entrée, qui évoque les principales batailles de l'histoire du Portugal.

★ Mercado do Bolhão B2
→ *Rua de Fernandes Tomás*
Tél. 223 326 124
Lun.-sam. 7h-19h (13h sam.)
L'imposant bâtiment rectangulaire (début XXe s.) dissimule une structure métallique abritant deux cours ouvertes surplombées au 1er étage, de longues coursives reliées par de

SÉ E CLAUSTRO

CASA DE GUERRA JUNQUEIRO

PRAÇA DA LIBERDADE / AVENIDA

▲ Plan B

Sur la colline de Pena Ventosa, se dresse l'austère cathédrale. Derrière elle, la statue du libérateur Vímara Peres (820-873) semble contempler tout le nord de la cité, du beffroi de la Câmara Municipal à la tour du Coliseu. En remontant la Rua Passos Manuel, de la Praça da Liberdade à la Praça da Batalha se succèdent les rues piétonnes, alignant vieilles boutiques, enseignes modernes et cafés Art déco. Dans une frénésie de shopping, la foule cosmopolite se presse au Mercado do Bolhão et dans la Rua de Santa Catarina. Les grincements de l'*eléctrico* Batalha-Carmo maintiennent l'illusion du passé...

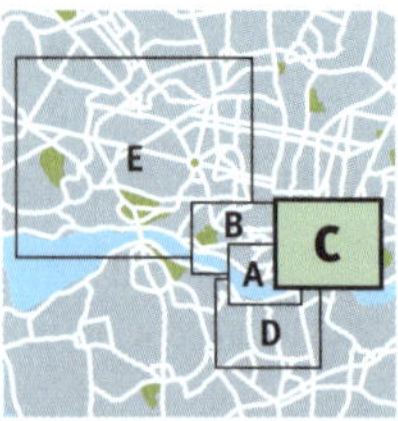

CAFÉ MAJESTIC

GUARANY

RESTAURANTS

Madureira E3 1
→ *Avenida Rodrigues de Freitas, 1 Tél. 225 376 708 Tlj. 9h-1h30 (23h dim.)*
Les azulejos à l'entrée annoncent la couleur : le poisson est roi ! À déguster sur des nappes à carreaux dans une salle tout en bois et zinc. *Bacalhau*, daurade, saumon... Plat 6-10€.

Santiago C2 2
→ *Rua Passos Manuel, 226 Tél. 222 055 797 Lun.-sam. 11h-23h*
Ambiance cantine, éclairage aux néons et promiscuité, une excellente adresse petit budget pour découvrir les plats locaux : *francesinha e tripas à moda do Porto*... Plat 10€.

Café Majestic B2 3
→ *Rua de Santa Catarina, 112 Tél. 222 003 887 Tlj. 9h30-23h*
Le plus connu, peut-être trop, des cafés de la ville ! Façade ornementale (1921), boiseries et miroirs à profusion. Pour une plongée à la Belle Époque, le temps d'un repas traditionnel (*bacalhau* grillé, pain perdu) ou d'un simple café. Plat 14-20€.

Guarany A2 4
→ *Av. dos Aliados, 85 Tél. 223 321 272 Tlj. 9h-0h*
Une très belle brasserie au long bar de marbre, égayée de peintures contemporaines aux couleurs vives de G. Morais. Les *musts* ? La dame de bar, les beignets de morue, le chevreau rôti... Concerts en soirée, fado le sam. (et le jeu. d'avr. à oct). Plat 15€.

Escondidinho B2 5
→ *Rua Passos Manuel, 144 Tél. 222 001 079 Tlj. 12h-15h, 19h-23h*
On se croirait dans un vieux manoir du nord du pays : porcelaines, azulejos et bois foncés. Viandes grillées, filets de poissons et poulpe cuits au four à bois. Vins de madère. Plat 15€.

CONFEITARIAS

Confeitaria Império B2 6
→ *Rua de Santa Catarina, 149-151 Lun.-sam. 7h30-21h (19h sam.)*
Cet établissement historique fait partie du décor de la ville. Une excellente adresse pour prendre un café, accompagné de la spécialité de la maison : l'*império*, une pâte feuilletée fourrée d'un mélange sucré à base de jaune d'œuf. Succulent ! Bondé pendant la journée.

NFEITARIA DO BOLHÃO

MAUS HÁBITOS

CASA ARCOZELO

Confeitaria do Bolhão B2 7
→ *Rua Formosa, 339*
Tél. 223 395 220
Lun.-ven. 6h-20h, sam. 7h-19h
Fameux salon de thé juste à l'entrée du marché Bolhão. Stucs, miroirs, haut plafond, guéridons… Vaste choix de pâtisseries : *pastel de nata, doce de castanha* (châtaigne)…

Confeitaria Ateneia A2 8
→ *Praça da Liberdade, 57-59*
Tél. 222 006 691
Lun.-sam. 8h-20h (22h ven. ; 0h sam.), dim. 9h30-19h
Sur la place, le somptueux café Imperial n'est plus, racheté par une célèbre chaîne. En face, cette pâtisserie-salon de thé Art déco (1937) fait de la résistance. *Lanche, nata…* chocolats et porto.

BARS, CINÉMA, CLUBS

Maus Hábitos C2 9
→ *Rua Passos Manuel, 178*
Tél. 222 087 268
Mar.-sam. 12h-15h, 20h-23h (0h ven.-sam.) ; dim. 12h-15h
Ambiance squat au dernier étage d'un parking Art déco avec vue sur la Baixa : musique alternative et cours de danse ! Restaurant végétarien et brunch le dim.

Coliseu do Porto C2 10
→ *Rua Passos Manuel, 137*
Tél. 222 058 351 ***Bar-club Passos Manuel*** *Dim.-mer. 17h30-2h, jeu.-sam. 22h-4h*
Une salle de spectacle mythique, qui existe depuis 1941. Concerts rock, opéra, danse, cirque… et cinéma Passos Manuel. Au sous-sol, bar-lounge et club.

Pitch B2 11
→ *Rua Passos Manuel, 34-38*
Tél. 222 012 349
Ven.-sam. 0h-6h
Discothèque sur trois étages : funk, rock, électro, drum'n'bass. Sélection à l'entrée.

Bars de la Praça D. Filipa de Lencastre Praça A2 12
→ *Tél. 910 718 766*
Mar.-dim. 16h30-2h
La terrasse de ce bar convivial est bondée le w.-e. ! Déco dépouillée et tags. Idéal pour débuter une nuit blanche !

Radio Bar A2 13
→ *Tél. 936 320 033*
Mar.-sam. 18h-2h (4h jeu.-sam.)
Un pan de mur recouvert de vinyles, le ton est donné ! DJ aux doigts de fée, musique électronique et pop-rock. Terrasse et jardin bienvenus après la bousculade côté rue.

SHOPPING

Casa Arcozelo A3 14
→ *Rua do Loureiro, 46*
Tél. 222 082 345
Lun.-sam. 9h-20h (19h sam.)
Dans cette minuscule et illustre épicerie au-dessus de la gare São Bento, des fromages de la Serra da Estrela et une délicieuse charcuterie : *chouriço, salpicão de lombo…*

Hive B2 15
→ *Rua de Santa Catarina, 1-5*
Tél. 222 011 902 Tlj. 10h-22h
Installée dans l'ancienne bijouterie Reis & Filhos, cette boutique rassemble marques internationales et créations portugaises (dont les chaussures Nobrand) : des vêtements et accessoires tendances !

A Pérola do Bolhão B2 16
→ *Rua Formosa, 279*
Tél. 222 004 009
Lun.-ven. 9h-13h, 13h30-19h30 ; sam. 9h-13h
Derrière cette façade Art déco parée d'azulejos colorés illustrant la route des épices, une épicerie traditionnelle de 1917. Saucisses, morue, fromages, noix, caramels…

Garage & Stage B2 17
→ *Rua Sá da Bandeira, 150*
Tél. 220 924 249
Lun.-sam. 10h-19h30
Un magasin d'instruments de musique au choix ample et varié : guitares de Fado, *cavaquinho* (petite guitare sèche à quatre cordes), mais aussi guitares Fender ou Gibson, ukulélé, accordéons…

Chocolataria Equador B1 18
→ *Rua de Sá da Bandeira, 637*
Tél. 967 296 160
Lun.-sam. 11h-19h30
Mélange de parquet et vieux carrelage au sol, brique et bois aux murs. Dans les vitrines en verre : macarons, truffes, pâtisseries et tablettes de chocolat artisanal à l'emballage rétro.

Rosa Chock Vintage C2 19
→ *Rua Formosa, 168-170*
Tél. 918 245 176 Tlj. 13h-20h
Excentricité garantie dans cette caverne d'Ali Baba… ou plutôt de Fatima Leite ! Vêtements et accessoires d'occasion, mannequins au look rétro arborant de larges lunettes fantaisistes, fourrures, sacs à main…

Merca Tudo E3 20
→ *Av. Rodrigues das Freitas, 160 Tél. 967 113 612*
Lun.-sam. 9h-20h
Capharnaüm de jouets anciens, porcelaines, vinyles, bijoux… Impossible de ne pas trouver son bonheur !

ADOS

ESTAÇÃO DE SÃO BENTO

MERCADO DO BOLHÃO

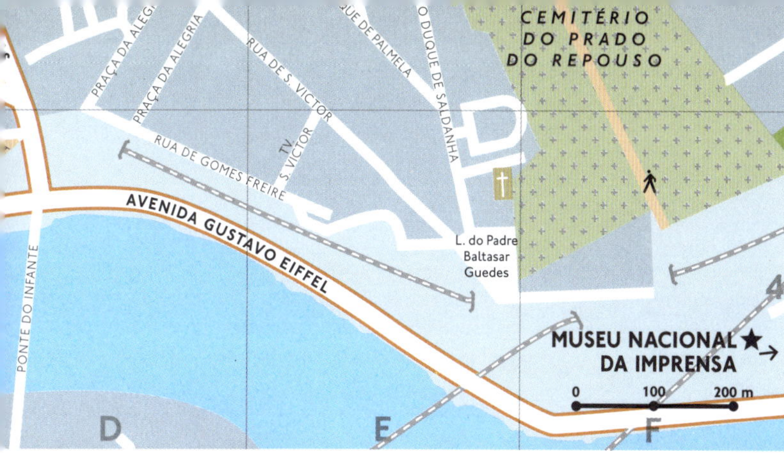

…AÇA DA BATALHA

BIBLIOTECA PÚBLICA MUNICIPAL DO PORTO

MUSEU NACIONAL DA IMPRENSA

…ands escaliers. Pour glaner
…s produits de la région
…ns une ambiance
…toresque !

Capela das Almas … Santa Catarina C1
…Rua de Santa Catarina, 428
… 222 005 765
…-mar., sam. 7h30-13h, …30-19h ; mer.-ven. 7h30-19h
…vision de la chapelle …IIIe s.) aux 15 947 azulejos …eus agencés par le peintre …uardo Leite est magique. …figurent le martyre de …inte Catherine et la mort … saint François.

Rua de Santa …tarina C2
…principale artère …mmerçante de la ville, piétonne et très animée. Au n° 112, le Café Majestic, Art déco, et au n° 67, le bel édifice aux atlantes soutenant la corniche rappellent le faste d'antan.

★ **Praça da Batalha** B3
Cette place commémore la bataille que les chrétiens portugais remportèrent sur les Sarrasins. Au centre s'élève la statue équestre du roi Pierre V. On remarque le Teatro São João (1918), cinéma Art déco à l'abandon, ainsi que la très belle façade tout en azulejos de Santo Ildefonso (1732).

★ **Biblioteca Pública Municipal do Porto** D3
→ Rua D. João IV, 17
Tél. 225 193 480
Mi-juil.-mi-sep. : lun.-ven. 10h-18h / mi-sep.-mi-juin : lun., mer.-sam. 10h-18h ; mar. 9h-19h30
Face au très animé Jardim de Marques de Oliveira, le porche d'entrée de la bibliothèque municipale (1833) laisse apparaître une magnifique cour fleurie et un cloître aux précieux azulejos colorés du XVe s. et bleu cobalt du XVIIIe s.

★ **Museu Militar** F3
→ Rua do Heroismo, 329
Tél. 225 365 514
Mar.-dim. 10h (14h dim.)-17h
Dans l'ancienne maison de maître (XIXe s.), vitrines d'uniformes, d'armes et impressionnante collection de soldats de plomb. Sous le hangar moderne, alignement de pièces d'artillerie, maquettes, scénographie sur l'histoire des conquêtes coloniales portugaises. Un musée géré par l'armée.

★ **Museu Nacional da Imprensa** hors plan F4
→ Estrada Nacional, 108-206
À côté du Ponte do Freixo
Tél. 225 304 966 Tlj. 15h-20h
Sous l'édifice métallique, un panorama complet sur l'histoire de la presse et des techniques d'imprimerie. Machines Linotype, plaques d'impression, caractères en plomb. Expositions temporaires au sous-sol.

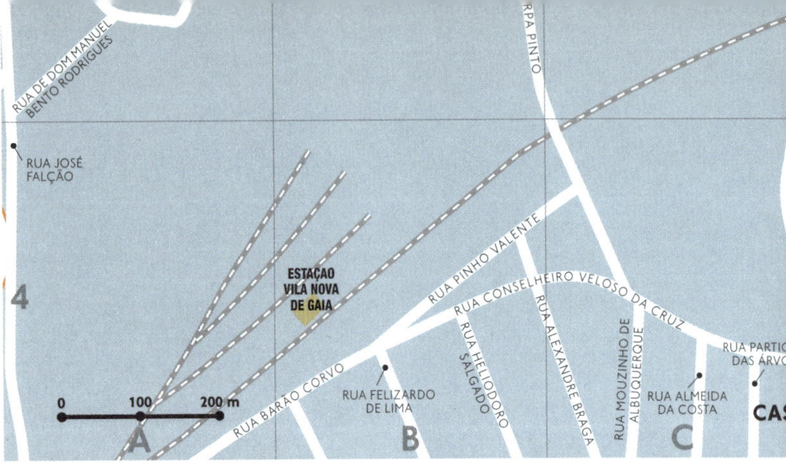

CONVENTO CORPUS CHRISTI

CAVES TAYLOR FLADGATE & YEATMAN

★ **Ponte Dom Luiz I** E1
Un pont monumental (1886) à arc en fer forgé, devenu l'icône de Porto ! L'ingénieur et associé de Gustave Eiffel, Théophile Seyrig, a conçu cet ouvrage aux dimensions incroyables pour l'époque : un tablier supérieur de 392 m (métro) et un tablier inférieur de 174 m réservé aux voitures et aux piétons.

★ **Cais de Gaia** E1
En concurrence, dès les Phéniciens, avec le quai d'en face (Portus), mieux exposé, le quai de Gaia (Cale) s'est imposé au XVIIIe s. comme plaque tournante du stockage et mise en bouteille des vins de Porto. Jolie promenade piétonne le long de la berge pavée.

★ **Caves Cálem** D1
→ *Av. Diogo Leite, 344*
Tél. 223 746 660
Mai-oct. : tlj. 10h-19h ; nov.-avr. : tlj. 10h-18h
Le vin est entreposé sous de très belles voûtes en pierre dans des fûts en bois de madère. La visite de cette cave, fondée en 1859 par Antonio Alves Cálem, lève le voile sur l'élaboration du porto. Une des plus instructives.

★ **Caves Sandeman** D2
→ *Largo M. Bombarda, 3*
Tél. 223 740 500
Avr.-oct. : tlj. 10h-12h30, 14h-18h ; nov.-mars : tlj. 9h30-12h30, 14h-17h30
Peut-être la plus belle façade, avec celle de la maison Ramos Pinto : sur la petite place, l'ancien "palais royal", racheté par l'Écossais G. Sandeman au début du XIXe s., propose la visite la plus cocasse, avec un guide déguisé en Zorro (cape et chapeau noirs). Dans la pénombre des interminables salles voûtées, s'effectue le vieillissement de l'élixir dans les *pipas* (cuves).

★ **Cais dos Barcos Rabelos** B2
→ *Cais de Gaia*
Tél. 220 108 022
Tlj. 10h-19h
Les embarcations à fond plat surchargées jadis de tonneaux de vin transportent aujourd'hui les voyageurs curieux de découvrir les rives du Douro. En aval, de gros bateaux de croisière restent amarrés devant la marina.

★ **Convento Corpus Christi** C2
→ *Largo de Aljubarrota, 13*
Mar.-dim. 10h-18h
Entrée dans la petite chapelle (XIVe s.) par le cloître. Les remaniements de l'époque baroque (XVIIe y sont fort intéressants :

PONTE DOM LUIZ I

CAIS DE GAIA

La topographie de Vila Nova de Gaia, tel un somptueux amphithéâtre tourné vers le fleuve, invite à un parcours de haut en bas, par un dédale d'escaliers et de ruelles. Au bord du Douro, les longs entrepôts coiffés de tuiles brunes abritent une soixantaine de caves. Les plus grandes maisons, sises pour la plupart Av. Diogo Leite, siège de la production de porto depuis le XVIIIe s., proposent visites et dégustations. Sur les berges, devant les nombreuses terrasses de café, les *barcos rabelos* incitent à une mémorable virée sous les ponts, offrant une vue époustouflante sur l'éternelle rivale, Porto, sur l'autre rive.

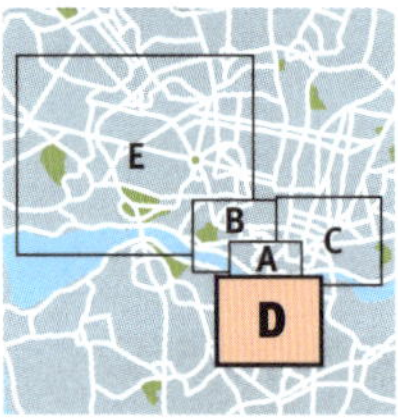

PRESUNTARIA

D. TONHO

RESTAURANTS

Pasta-Caffé B2 1
→ *Av. Ramos Pinto, Loja 330 Santa Marinha*
Tél. 932 622 262
Lun.-jeu. 12h-16h, 18h30-23h ; ven.-dim. 12h-0h (23h dim.)
En pleine zone touristique de la marina, un bâtiment moderne sur deux étages. Extraordinaire terrasse sur la Ribeira et le Douro et bonnes pâtes italiennes. Plat 7,50-10€.

Taberninha do Manel D2 2
→ *Av. de Diogo Leite, 308*
Tél. 223 753 549
Tlj. 10h-2h (4h ven.-sam.)
La plus ancienne taverne de Gaia ! Dans un style typiquement portugais, mêlant bois et granit, on déguste un rôti de chorizo avec sa *broa* (pain de maïs) et des olives, le tout arrosé de bière artisanale. Plat 7,50€ ; plat de viande de bœuf 15-32€.

Barão de Fladgate / Caves Taylor´s C3 3
→ *Rua do Choupelo, 250*
Tél. 223 742 800
Tlj. 12h30-15h, 19h30-22h30
Après la visite des caves, repas sur la terrasse la plus élevée de Gaia, ouverte sur le spectacle des chais et de Porto. Salle à manger spacieuse et service de haut rang. Cuisines méditerranéenne et portugaise. Plat 11-20€.

Presuntaria Transmontana D2 4
→ *Av. Diogo Leite, 80*
Tél. 223 758 380
Tlj. 12h-1h
Nappes vichy, jambons suspendus, comptoir, poutres et murs de granit. Cette auberge sympathique ne désemplit pas. Poulpe et crevettes à l'ail, échine de porc, longe de veau ou sanglier. Autre adresse, tout près : *Rua de Cândido dos Reis, 132*. Plat 13-16€.

Ar de Rio C2 5
→ *Av. Diogo Leite, 5*
Tél. 223 701 797 Tlj. 12h-1h
En harmonie avec l'esplanade de Gaia, un édifice aux lignes contemporaines en verre et acier, doté d'une structure en nids d'abeilles, alliant design et fonctionnalité. *Francesinha com ovo* (œuf), soupe de poulet, poissons grillés, tripes... Plat 15-20€.

D. Tonho D1 6
→ *Av. Diogo Leite*
En face des caves Cálem
Tél. 222 004 307
Tlj. 12h30-15h, 19h30-23h
Un parallélépipède de verre et d'acier parfait

OPKE

SKIFF BAR / CLUB FLUVIAL PORTUENSE

C. DA SILVA

pour dîner en amoureux au coucher du soleil, sur la luxueuse terrasse sur le fleuve. À la carte : galettes de morue et riz, veau à la mode de Lafões, chevreau... Plat 15-25€.

CAVES DE PORTO

Kopke D2 7
→ *Av. Diogo Leite, 312*
Tél. 223 746 660
Mai-oct. : tlj. 10h-19h ;
nov.-avr. : tlj. 10h-18h
La première terrasse après le pont sur l'Av. Diogo Leite. Fondée en 1638, cette maison fut créée par Christian Kopke et son fils, issus de la ligue Hanséatique. Les fûts omniprésents côtoient une déco contemporaine. On déguste le prestigieux nectar avec des chocolats.

Sogevinus C2 8
→ *Av. Ramos Pinto, 280*
Tél. 223 746 660
Mai-oct. : tlj. 10h-19h ;
nov.-avr. : tlj. 10h-18h
Sûrement le plus grand choix de Porto Vintage et de réserves spéciales, au rez-de-chaussée d'un petit immeuble couvert de céramique bleue. Design, chic et lumineux. Des conseils avisés sous un ciel d'abat-jour aux couleurs chaudes.

Bar Terraço Caves Croft C3 9
→ *Rua Barão de Forrester*
Tél. 226 102 075
Sep.-mai : tlj. 10h-18h ;
juil.-août : tlj. 10h-20h ;
juin : tlj. 10h-19h
Dissimulée dans les hauteurs, la cave fut créée en 1678 par John Croft, originaire du Yorkshire. Les vins sont issus d'un terroir réputé, la *quinta* da Roêda. Petite terrasse pavée au calme pour déguster des portos blanc, rosé et rouge bien frais, avec des chocolats.

CAFÉS

Skiff Bar / Club Fluvial Portuense D2 10
→ *Av. Diogo Leite, 108*
Tél. 911 872 455
Tlj. 9h-20h (0h sam.)
Sous les câbles du téléphérique, un édifice Art déco (1931) de couleur jade. Un café *british*, à l'atmosphère de club nautique avec anciens avirons en bois. Fado le soir dès 21h.

Café Mira Porto D2 11
→ *Rua General Torres, 344*
Tél. 223 740 059
Tlj. 8h (9h w.-e.)-2h
Le Mira Porto ? Un balcon d'observation idéal pour repérer les différents monuments de la ville. Terrasse étroite en L, surplomblant les entrepôts de vin. Petite restauration.

Irish & Co. B2 12
→ *Av. Ramos Pinto, Loja 540 Cais de Gaia*
Tél. 220 152 539
Tlj. 15h-3h
Bar à l'atmosphère typiquement irlandaise où l'on a seulement l'embarras du choix de sa bière. Grande variété de whiskies irlandais, bien sûr, et écossais. Musique live.

COIFFEUR

Salão Sábá D2 13
→ *Rua Cândido dos Reis, 22*
Tél. 223 755 125
Lun.-sam. 9h30-13h, 15h-20h
Dans ce minuscule salon de coiffure unisexe, de vieux fauteuils en cuir très confortables, et des coupes ciseaux. Patron expérimenté et attentionné. Taille de barbe, un volontaire ?

SHOPPING

C. da Silva D2 14
→ *Av. Diogo Leite, 154*
Tél. 223 752 980
Juin-sep. : tlj. 10h-19h
Dans la boutique de ce producteur d'exception, l'éclairage judicieux des présentoirs met en valeur la couleur des différents porto : rosé, Moscatel et blanc doré. Complexe et rare, ce vin est servi dans les plus grands restaurants.

Casa do Galo C2 15
→ *Av. Diogo Leite, 50*
Tél. 910 657 172
Tlj. 10h30-20h30
On découvre ici les traditions et coutumes nationales, tel le *lenço dos namorados*, un mouchoir couvert de messages autrefois brodés par les jeunes filles pour gagner le cœur d'un garçon. Également, objets en liège, azulejos, figurines, conserves portugaises...

Mercado Municipal da Beira Rio C2 16
→ *Av. Ramos Pinto Tlj. 8h-19h*
Sous la halle traditionnelle à la façade ocre, le marché s'anime : fruits, légumes, poissons et viandes. Cafés et commerces tout autour.

Mys C2 17
→ *Av. Ramos Pinto, 266*
Tél. 224 926 983
Tlj. 10h30-21h (20h dim.)
Créer ses propres sandales ou personnaliser ses bottines en choisissant lanières et semelles, sans se ruiner.

AVES CÁLEM

CAVES SANDEMAN

CAIS DOS BARCOS RABELOS

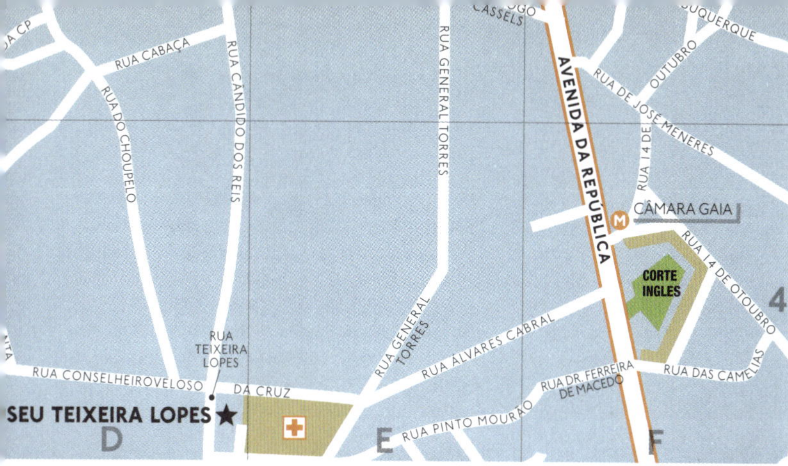

SA-MUSEU TEIXEIRA LOPES

CASA DA FAMÍLIA BARBOT

JARDIM DO MORRO

f polygonale coiffée
ıne coupole en pierre
nspiration italienne
chœur somptueux,
ec ses *talhas douradas*,
s peintures au plafond
stalles en noyer avec
ascarons sculptés.

**★ Caves Taylor
ıdgate & Yeatman** D3
Rua do Choupelo, 250
. 223 742 800
10h-18h (17h w.-e.)
uls les téméraires
céderont au célèbre chai
glais (1692) par le très
ntu chemin pavé. Bonne
plication sur le travail
s œnologues quant
dosage de l'eau-de-vie
outée au vin.

★ Casa-Museu Teixeira Lopes D4
→ Rua Teixeira Lopes, 32
Tél. 223 751 224
Mar.-ven. 9h-17h ;
w.-e. 10h-12h, 14h-17h
En 1933, António Teixeira Lopes, brillant sculpteur (élève de Paul Berthet à Paris), fait don de cette "maison-atelier" à la ville. Œuvres admirablement mises en valeur dans la jolie cour pavée prolongée par le jardin. À voir également, la collection de peintures offertes à l'artiste.

★ Casa e Jardim da Família Barbot E3
→ Av. da República, 590
Tél. 223 774 250
Lun.-ven. 9h-18h
Isolée au milieu de fades bâtiments modernes, la résidence familiale Barbot (1904) charme par la grâce de son style moghol : multiples décorations sculptées, faïences, coquetteries d'inspiration arabe. Centre d'expositions et antenne du service culturel de Gaia.

★ Jardim do Morro E2
Les étudiants apprécient les confortables pelouses, la vue spectaculaire sur Porto et la grande variété d'espèces végétales : palmiers, tilleuls...
Le téléphérique dessert les chais de Gaia en 5 min, mais la descente à pied par la Calçada da Serra restera inoubliable.

★ Mosteiro e Igreja da Serra do Pilar E2
→ Largo de Aviz
Mar.-dim. 9h30-18h30
Une église atypique du XVIᵉ s., en forme de rotonde, surmontée d'une coupole et d'une balustrade, et un cloître circulaire doté de 36 colonnes ioniques. On n'y entre pas, mais de la terrasse dominant le Ponte Dom Luis I et le Douro, on aperçoit la mer !

CEMITÉRIO DE AGRAMONTE

FUNDAÇÃO ENGENHEIRO ANTÓNIO DE ALMEIDA

★ Museu do Carro Eléctrico E4
→ *Alameda de Basílio Teles, 51 Tél. 226 158 185 Hiver : lun.-ven. 9h30 (14h lun.)-18h, w.-e. 13h30-19h ; été : lun. 14h-18h, mar.-dim. 10h (13h30 w.-e.)-19h*
Le musée des Tramways dans une ancienne centrale électrique. L'Americano (1872), le tout premier, était tiré par des chevaux, avant d'être électrifié en 1895.

★ Jardim Botânico C3
→ *Rua do Campo Alegre, 1191 Tél. 933 086 492 Été : sam.-jeu. 9h (10h w.-e.)-18h ; hiver : lun.-ven. 9h-17h, w.-e. 10h-18h*
L'ancienne partie du port fluvial a été transformée en jardin botanique en 1875, autour de la Casa Andresen, de couleur pourpre. Sentiers ponctués de haies de camélias, de plantes grasses et de serres.

★ Igrejas Românica e Paroquial de Cedofeita F3
→ *Rua Anibal Cunha, 193 Tél. 222 000 635*
Igreja Paroquial de Cedofeita *Lun.-sam. 8h-10h, 17h-19h*
Igreja Românica *Tél. 222 005 620 Dim. 11h (messe)*
À la lisière du bourg originel, la petite église (XIIe s.) au portail roman contraste avec sa voisine moderne, édifiée en 1929. Des vitraux diffusent sur le chœur et les panneaux de béton brut un jeu divin de lumières. Surprenant campanile.

★ Casa-Museu Marta Ortigão Sampaio E2
→ *Rua Nossa Senhora de Fátima, 291-299 Tél. 226 066 568 Mar.-sam. 10h-17h30 ; dim. 10h-12h30, 14h-17h30*
Dans un immeuble des années 1950, la maison-musée Marta Ortigão Sampaio (1897-1978), du nom de la donatrice. Collection de tableaux naturalistes (XIXe et XXe s.) de M. de Oliveira, S. et A. de Sousa, pièces d'orfèvrerie, mobilier précieux. Beau jardin ombragé à l'arrière.

★ Casa da Música E3
→ *Avenida da Boavista, 604-610 Tél. 220 120 220 Tlj. 10h-19h (18h dim.) www.casadamusica.com*
La Maison de la musique (école, concerts) a rempla l'ancienne gare des tramways. Le polyèdre futuriste de béton blanc (2005), signé Rem Koolhaas, ne passe pas inaperçu. Très belle vue su la ville du haut de la terras psychédélique, tapissée d carreaux noirs et blancs.

★ Cemitério de Agramonte E3
→ *Rua de Agramonte, 136 Tlj. 8h30-17h*
Sur 2 ha, un cimetière

MUSEU DO CARRO ELÉTRICO

JARDIM BOTÂNICO

IGREJA PAROQUIAL DE CEDOFEIT

Changement d'atmosphère à l'ouest du centre-ville : les quartiers se font moins animés, moins bohèmes, et se succèdent les riches villas de style éclectique, les grands hôtels et les boutiques luxueuses. L'Avenida da Boavista tire un trait d'union entre la vieille ville et l'Océan. De part et d'autre, des édifices religieux et des musées la jalonnent. Le baroque cède la place à une architecture contemporaine aux lignes pures : nouveaux matériaux, omniprésence de la lumière. Les dernières réalisations, la Casa da Música, de Rem Koolhaas, et la Fundação Serralves d'Álvaro Siza, conjuguent audace et harmonie.

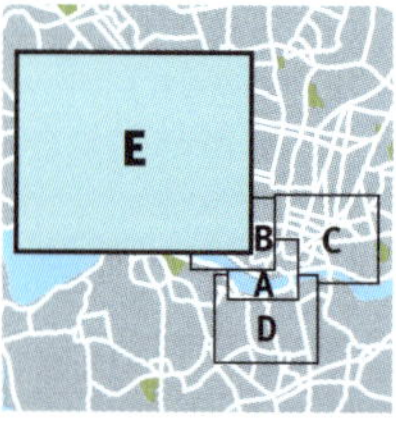

CASA DA MÚSICA

CHURRASCÃO GAÚCHO

RESTAURANTS

Arte de Bem D3 1
→ *Av. da Boavista, 919*
Tél. 912 172 738
Lun.-ven. 9h-0h
Au fond d'un passage, une petite cantine un peu spartiate, mais à la salle lumineuse et aérée, et dotée d'une terrasse. Peu de choix (*bacalhau*, tripes, viandes), pourtant l'attente est longue à midi... Un succès dû au rapport qualité/prix ! Plat 5-8€.

Quay True Sushi
E3 2
→ *Praça Bom Sucesso, Mercado Bom Successo*
Tél. 968 137 652
Tlj. 10h-23h (0h ven.-sam.)
Dans le marché couvert, un stand où tout est fraîchement préparé à la commande : *tataki*, sushi, *shirashi*, etc. Sushis 2,40-6€, menus 7,90-19,90€.

Confeitaria Duvália
D3 3
→ *Rua do Campo Alegre, 654*
Tél. 226 068 646
Tlj. 8h-0h (1h ven.-sam.)
Proche du jardin botanique et des universités, une pâtisserie réputée et un bon restaurant au rdc d'un immeuble moderne. Viandes et poissons grillés, *francesinha*, crêpes... Terrasse un peu bruyante. Plat 7-15€.

Restaurante Casa da Música
E3 4
→ *Av. da Boavista, 604-610 7e étage Tél. 220 107 160*
Lun.-jeu. 12h30-15h30, 19h30-23h ; ven.-sam. 12h30-15h, 19h30-0h
Ascenseur jusqu'au septième ciel gastronomique ! Plats inspirés du monde entier, toujours teintés de saveurs méditerranéennes : risotto de crabe, *tataki* de thon, tajines. À déguster dans un grand espace tout d'acier, de verre et de béton coloré. Plat 12-20€.

Churrascão Gaúcho
E3 5
→ *Av. da Boavista, 313*
Tél. 226 098 206
Lun.-sam. 12h-15h30, 19h-23h
Entre les murs de pierre brute, des tables espacées, impeccablement dressées, pour se délecter de *rodízio de carne* (viandes grillées) ou de *picanha farofa* (farine de manioc cuite)... Plat 20€.

Casa Agrícola E3 6
→ *Rua do Bom Sucesso, 241*
Tél. 226 053 350
Bar et restaurant *Tlj. 9h-2h*
Dans une ancienne maison agricole (XIXe s.), un bar, un café, une discothèque ! Au 1er étage, magnifique salle de restaurant (parquet et volets en bois). Carpaccio

R DOS ARTISTAS

ARTES EM PARTES

NUNO BALTAZAR

de bœuf, confit de *bacalhau*, lotte grillée... Plat 20€.

CONFEITARIA, CAFÉS

Confeitaria Petúlia
E3 7
→ *Rua de Júlio Dinis, 775 Tél. 226 066 181 Tlj. 8h-0h*
Salon de thé convivial, boulangerie (spécialité de *bolo rei*), confiserie et café, souvent bondé le midi. Grand choix de fromages et vins, *salgados* (beignets), charcuterie et chocolats.

Góshò no Botânico
C3 8
→ *Jardim Botânico, Rua do Campo Alegre, 1191 Tél. 226 086 708 Lun.-sam. 12h30-15h, 19h30-23h (0h ven.-sam.)*
Dans le jardin botanique, derrière la Casa Andresen, un salon de thé paré d'une jolie terrasse plein sud, devant la roseraie. Pâtisseries à base de thé *matcha*, haricots rouges et potiron, mais aussi sushis, sashimis et makis bien frais au déjeuner.

Bar dos Artistas
E2 9
→ *Av. da Boavista, 604-610 Tél. 220 107 160 Tlj. 10h-18h (23h les jours de spectacle)*
Derrière de grandes baies vitrées, l'agréable self-service de la Casa da Música, peuplé d'élèves, se prête parfaitement à un snack ou un café. Vue sur l'esplanade aux allures de skate-park. Prix modiques.

Cafetaria-bar do Museu de Serralves
A2 10
→ *Rua de Dom João de Castro, 210 Tél. 226 170 355* ***Cafétaria*** *Tlj. 12h-15h* ***Bar*** *Tlj. 9h-19h*
Les belles affiches des expositions du musée Serralves viennent rompre le dépouillement du lieu, tout comme la vue sur le jardin. Formule buffet, poisson ou viande, et fameux desserts : gâteau au chocolat, sorbets... Délicieuse terrasse.

Portobeer D2 11
→ *Av. da Boavista, 1245 Tél. 226 086 793 Tlj. 12h-0h (2h ven.-sam.)*
Voisin du luxueux Palacio Hotel, un bar résolument contemporain, avec ses cloisons aux courbes alvéolées et son sol carrelé de granit noir. Grand choix de bières et de vins accompagnés de *petiscos* !

PUB, CLUB

Vip Lounge D2 12
→ *Av. da Boavista, 1269 Tél. 226 086 600 Tlj. 10h30-1h*
La terrasse offre une vue panoramique imprenable sur la ville, le Douro et la mer. Pour un petit déjeuner le matin ou un verre en fin de journée, le plaisir sera le même !

Bar da Casa da Música
E3 13
→ *Av. da Boavista, 604-610 Tél. 220 120 200 Sam. 23h-4h*
Atmosphère décontractée et musique électronique dans ce bar-club situé sur le toit de la Casa da Música à la déco industrielle. Lors des chaudes nuits d'été, il fait bon profiter de la terrasse extérieure.

SHOPPING

Artes em Partes
F4 14
→ *Rua do Rosário, 274 Tél. 934 337 703 Lun.-sam. 14h30-20h*
Derrière une devanture Art nouveau, des bijoux de jeunes créateurs, des fringues vintage, des chaussures et, sur le sol ciré rouge, une mini galerie d'art qui se dévoile sous un plancher de verre. Espace Muzak : sélection de vinyles de X. Sting et R. Pimenta.

Muuda F4 15
→ *Rua do Rosário, 294 Tél. 222 011 833 Mar.-sam. 11h-23h*
Un concept-store, à la fois boutique et galerie. Vêtements, objets, bijoux de stylistes portugais et expositions de photos, peintures, etc. Coin lecture.

Wrong Weather
E2 16
→ *Av. da Boavista, 754 Tél. 226 053 929 Lun.-ven. 10h30-19h30 ; sam. 10h30-13h30, 14h30-19h30*
Mode et accessoires dédiés aux hommes "contemporains" (marques portugaises et internationales). Étagères dépareillées sur fond bleu pétrole !

Nuno Baltazar D2 17
→ *Av. da Boavista, 856 Tél. 226 065 081 Lun.-sam. 10h30-13h30, 14h30-19h30*
La mode fluide et ultra chic, glamour et féminine du styliste Nuno Baltazar. Très belle mise en valeur de ses collections par un intérieur bourgeois sophistiqué signé V. Almeida. Aussi, accessoires et parfums.

Des Autres
hors plan A2 18
→ *Av. da Boavista, 3769 Loja 15 Tél. 911 978 788 Lun.-sam. 12h-19h30 (19h sam.)*
Difficile à trouver au centre d'un ensemble immobilier moderne, cette boutique dissimule des perles vintage : sur deux étages, habits et accessoires des années 1960-1990, sélectionnés avec brio.

CASA-MUSEU MARTA ORTIGÃO SAMPAIO

CASA DA MÚSICA

ENIDA DA BOAVISTA

FUNDAÇÃO E CASA DE SERRALVES

EDIFÍCIO VODAFONE

charme désuet avec ses
veaux de personnages
èbres, comme le comte
Ferreira (1782-1866)
l'universitaire Carolina
chaëlis (1851-1925). Les
ats filent entre les tombes.

★ Fundação genheiro António Almeida D2

→ Rua do T. Valadim, 325
226 067 418
.-sam. 14h30-17h30
ndation philanthropique,
ucative, artistique,
nissant au sein
n très beau parc (1920)
phithéâtre, auditorium
petit musée (monnaies
cques et byzantines,
celaines, mobilier
français et tableaux,
dont un Gainsborough).

★ Avenida da Boavista C2

La longue avenue de 5 km, achevée en 1917, autrefois circuit automobile, relie l'obélisque de la Pr. M. de Alburquerque à l'Océan. Le tram et les allées de platanes ont disparu, mais il subsiste çà et là de belles demeures bourgeoises.

★ Igreja de Nossa Senhora da Boavista C2

→ Rua de Azevedo Coutinho, 103
Tél. 226 002 691 ***Messes*** *Lun.-ven. 12h30, 19h ; sam. 16h15, 19h ; dim. 10h45, 12h, 13h, 19h*
Au cœur du complexe résidentiel Boavista, une église (1973) aux lignes audacieuses (architecte A. Ricca Gonçalves). Les vitraux bleus et rouges (J. Resende) enchâssés dans la structure en béton font écho aux tons du long tapis de la nef.

★ Fundação e Casa de Serralves A2

→ Rua de D. João de Castro, 210
Tél. 226 156 500 Été : mar.-dim. 10h-19h (20h w.-e.) ; hiver : mar.-dim. 10h-17h (19h w.-e.)
Parc *Été : lun.-ven. 10h-19h (20h w.-e.) ; hiver : mar.-dim. 10h-19h*
Le sublime musée d'art contemporain, signé A. Siza Vieira, présente entre ses murs immaculés une collection permanente d'artistes portugais et internationaux. Une allée de marronniers mène à la Casa de Serralves (expos), demeure Art déco. Se perdre dans le parc, pour ses sculptures monumentales, sa roseraie, son petit lac, ses jardins potagers... Divin !

★ Edifício Vodafone A2

→ Av. da Boavista, 2949
Une fabuleuse architecture (2009), dessinée par José António Barbosa et Pedro Guimarães : façade en béton tout en reliefs anguleux et lignes entrecoupées, ponctuée de fenêtres en forme de losanges allongés. À voir de jour comme de nuit !

MERCADO DE MATOSINHOS

IGREJA PAROQUIAL
DO SENHOR DE MATOSINHOS

★ Avenida da Liberdade A1
L'avenue relie le phare de Leça de Palmeira au nord et le port de Leixões au sud. Une longue promenade bordée de belles résidences y a remplacé le bâti anarchique des années 60.

Piscinas das Marés A1
→ *Tél. 229 952 610*
Mi-juin-mi-sep. : tlj. 9h-19h
Sur la plage dos Beijinhos ("des Baisers"), une piscine d'eau de mer (1966) réalisée par Álvaro Siza : bassins régénérés par la marée, vestiaires et café. Illusion d'une union harmonieuse entre le béton et le rocher, la piscine et la mer.

★ Museu da Quinta de Santiago B1
→ *Rua da Vila Franca, 134*
Tél. 229 952 401
Avr.-août : mar.-dim. 10h-13h, 15h-18h / sep.-mars : mar.-ven. 10h-13h, 15h-18h ; w.-e. 15h-18h
Dominant le port de Leixões, la grande villa (fin XIXe s.) du peintre António Carneiro (1872-1930). Collection de sculptures et de peintures naturalistes et néoréalistes sur deux étages, de Carneiro, mais aussi Agostinho Salgado (1905-1967), Augusto Gomes (1910-1976). Librairie, café, terrasse sur le joli parc avec palmiers.

★ Porto de Leixões A3
Ce port artificiel fut construit en 1884 pour remplacer le port fluvial de la vieille ville, que l'ensablement de l'embouchure du Douro avait rendu inaccessible. À voir, le pont mobile (1962) reliant Leça de Palmeira à Matosinhos et l'activité des docks. Au nord, agréable port de plaisance à côté du Forte de N. S. das Neves.

★ Mercado de Matosinhos B2
→ *Rua França Júnior, Ed. Mercado Tél. 229 376 577*
Mar.-sam. 6h30-18h (16h30 sam.), lun. 7h-14h
L'énorme demi-cylindre (1946) de béton, au terminus de la ligne A du métro, abrite le marché le plus animé de Porto. Dès 6h30, sous l'impressionnante voûte, se vendent sardines, calamars, langoustes...

★ Igreja Paroquial do Senhor de Matosinhos C2
→ *Rua Silva Cunha, 107*
Tél. 229 397 980
Lun.-mar., jeu., sam. 9h-12h, 14h30-19h (17h lun.) ; mer., ven. 8h30-12h, 14h30-19h ; dim. 8h30-12h, 17h-19h30
Au bout de la longue esplanade, bordée de platanes, tout en mosaïqu de carreaux noirs et blanc une église du XVIIe s. à la façade baroque. À l'intéri des colonnes ioniques bordent la nef, et de

AVENIDA DA LIBERDADE

MUSEU DA QUINTA DE SANTIAGO

F

Foz do Douro / Matosinhos

Au nord-est de la ville, la Costa Verde, lieu de villégiature, s'étire au nord du port de Leixões : longues étendues de sable interrompues par la somptueuse piscine das Marés, d'Álvaro Siza. Au sud, jusqu'au quartier de Foz do Douro, les eaux sont plus agitées, et le rivage rocheux ponctué de sublimes terrasses de café, idéales pour contempler le spectacle des surfeurs défiant des vagues parfois démesurées ! Après un repas dans une *churrasqueira* de la commune de Matosinhos, les Portuans se promènent au Parque da Cidade, près du phare São Miguel-O-Anjo, ou bien sous la pergola de l'Avenida do Brasil, au coucher du soleil.

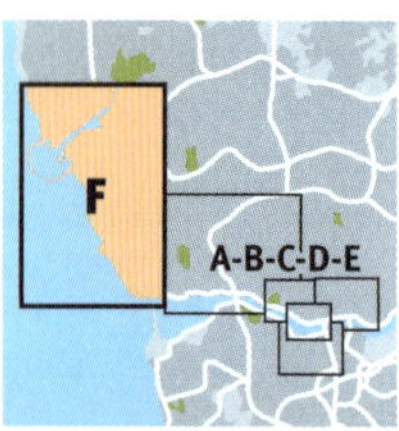

CUFRA GRILL

S. VALENTIM

RESTAURANTS

Modelar Foz C6 🍴1

→ *Rua da Senhora da Luz, 368*
Tél. 226 176 607
Tlj. 7h (8h dim.)-19h30
Une façade jaune vif aux stores bleus pour une cantine populaire, ornée de grands tirages photo de la ville. Sole grillée, *arroz de cabidela* (riz aux abats de poulet), côtes de bœuf *com batada* (patates). Plat 5-10€.

Lama's Temple B3 🍴2

→ *Rua Brito Capelo, 1133*
Tél. 229 380 952
Tlj. 12h30-15h, 19h-22h30
Dans une vaste salle plutôt classique, sous des hauts plafonds, on découvre un mix de saveurs orientales et portugaises : sashimis, brochettes de bœuf, légumes... relevés d'épices exotiques. Plat 8-14€.

Cufra Grill B4 🍴3

→ *Via do Castelo do Queijo, 395 Tél. 229 387 884*
Tlj. 12h-oh
Du 2e étage du controversé Edificio Transparente, une barre de béton des années 1960, vue sur l'Atlantique et les exploits des surfeurs. Les tables s'alignent le long de la paroi de verre : *francesinha*, excellentes grillades, hamburgers et fruits de mer à prix doux. Climatisé en été. Plat 8-15€.

BH Foz C5 🍴4

→ *Av. do Brasil, 498*
Tél. 910 993 040 Tlj. 12h30-15h30, 19h30-23h (oh ven.-sam.) ***Bar*** *Tlj. 12h30-2h*
Une façade moderne aux grandes baies vitrées pour profiter pleinement de la suberbe vue sur la mer. On se régale ici de fruits de mer, sushis ou pizzas. Menu du jour 10€, plat 14-30€.

S. Valentim B2 🍴5

→ *Rua Heróis de França, 335*
Tél. 229 379 204
Tlj. 12h-23h30
Face à la criée, le parfait endroit pour savourer des produits de la mer ! Du barbecue sur la terrasse émanent de délicieux fumets de sardines grillées sur charbon de bois... Deux salles toutes simples, bondées. Plat 15-20€.

Pedro Lemos D6 🍴6

→ *Rua do Padre Luís Cabral, 974 Tél. 229 115 986 Mar.-dim. 12h30-15h, 19h30-23h*
Dans le quartier de Foz Velha (vieux Foz), le restaurant du chef étoilé Pedro Lemos sert une cuisine élégante, à la fois traditionnelle et innovante : homard bleu aux morilles, agneau de lait et gnocchis d'artichaut... Terrasse et potager bio. Menu 4 services 80€, plat 38-44€.

S DE GUIA

WAIMEA

CONFEITARIA E GARRAFEIRA MOURA

Casa de Chá da Boa Nova hors plan A1 7
→ *Lugar da Boa Nova*
Tél. 229 940 066
Mar.-sam. 12h30-15h, 19h-23h ; lun. 19h-23h
Retour aux origines : cette perle a été entièrement restaurée selon la vision de l'architecte Siza Viera qui l'avait imaginée en 1963. En parfaite symbiose avec le site, la "maison de thé" da Boa Nova accueille un restaurant gastronomique dirigé par le célèbre chef portugais Rui Paula et s'ouvre sur un panorama sauvage et dantesque. Menu dégustation (sans les vins) 85-120€, plat (pour 2) 80€.

CAFÉS, CLUBS

Lais de Guia B3 8
→ *Av. G. Norton de Matos*
Tél. 229 381 428 Tlj. 9h-2h
Une jolie structure en bois avec terrasse, à 100 m de l'Océan ! Propice à la lecture et à la relaxation : hamacs, transats... Un fabuleux poste d'observation du coucher de soleil. Crêpes, salades, *francesinha*.

Praia da Luz C6 9
→ *Praia da Luz*
Tél. 226 173 234 Tlj. 9h-2h
Une grande plate-forme en bois surélevée à 1 m du sable, entre les rochers : un site exceptionnel pour siroter un verre de vin, tout en humant les embruns du littoral. Aussi un spacieux salon vitré. Petits plats, carpaccio, tartes, soupes.

Picaba C4 10
→ *Via do Castelo do Queijo, 395 Tél. 229 388 007*
Tlj. 10h-22h (19h dim.)
Au pied de l'Edificio Transparente, des tables prisées des surfeurs et skateurs : l'ambiance est décontractée ! Grande variété de jus de fruits frais, *pequenos almoços*, *wraps*, açai, plats végétariens, sandwichs...

Meet Parque D4 11
→ *Parque da Cidade*
Tlj. 10h-19h (0h jeu.-sam.)
Dans une maison cachée au coin nord-est du Parque da Cidade, un café rustique à la terrasse idyllique, prolongée par un clos de treilles. Calme absolu.

Praia do Titan B3 12
→ *Av. G. Norton de Matos*
Tél. 229 350 923
Lun.-sam. 9h-1h (2h ven.-sam.)
Au début de la jetée, une délicieuse terrasse posée sur la plage de sable fin. Snack-bar et comptoir de crèmes glacées. Une aire de jeux pour satisfaire les petits le jour, et un DJ pour les grands le soir !

Kasa da Praia B4 13
→ *Rua Esplanada Rio de Janeiro Tél. 961 312 727 www.facebook.com/kasadapraia*
À 30 m de l'océan, l'ancien collège luso-international de Porto a été restauré et transformé en 2014 en une discothèque de 1 000 m² avec restaurant et terrasse. Pour faire la fête jusqu'au bout de la nuit !

SHOPPING

Waimea B3 14
→ *Rua do Godinho, 219*
Tél. 229 375 820 Lun.-ven. 10h-13h30, 14h30-20h ; sam. 10h-13h30, 15h30-19h
À 200 m de la plage, voici sur deux étages la Mecque de tous les *riders* de Matosinhos : kites, surfs, moreys, skates, casques, combinaisons... De quoi s'équiper avant de se mesurer aux vagues.

Charcutaria O Porquinho B2 15
→ *Rua Brito Capelo, 477*
Tél. 229 376 338
Lun.-sam. 7h30-21h30
Dans la Rua Brito Capelo, l'artère commerçante de Matosinhos, une boutique pour tous les palais : charcuterie, fromagerie, boulangerie, pâtisserie, confiserie, pizzeria ! Tout est frais. Assez folklorique.

Confeitaria e Garrafeira Moura B2 16
→ *Rua C. São Salvador, 236*
Tél. 229 379 372
Lun.-sam. 9h-13h, 14h30-19h
Minuscule commerce spécial gourmands ! Rangement vertical optimisé jusqu'au plafond. Bocaux de bonbons, sachets de petits gâteaux, délicieux *damascos secos* (abricots séchés), *bolachas de leite* (biscuits au lait), fruits confits...

Haity C5 17
→ *Av. do Brasil, 550*
Tél. 226 108 956
Lun.-sam. 10h-19h30 (20h sam.), dim. 11h-19h
Chaussures pour femmes, du modèle classique, rétro chic, à l'excentrique. Aussi une boutique pour enfants au n° 563, pour hommes au n° 604, et d'accessoires (chapeaux, maroquinerie) au n° 571.

Ali-Jo D6 18
→ *Rua da Senhora da Luz, 161*
Tél. 226 102 076
Lun.-ven. 11h-19h30 ; sam. 11h-13h30, 15h-19h30
Vêtements et accessoires de mode originaux dans cette boutique très *seventies*... pour la plupart importés, avec de nouveaux arrivages tous les mois. Il y en a pour tous les goûts !

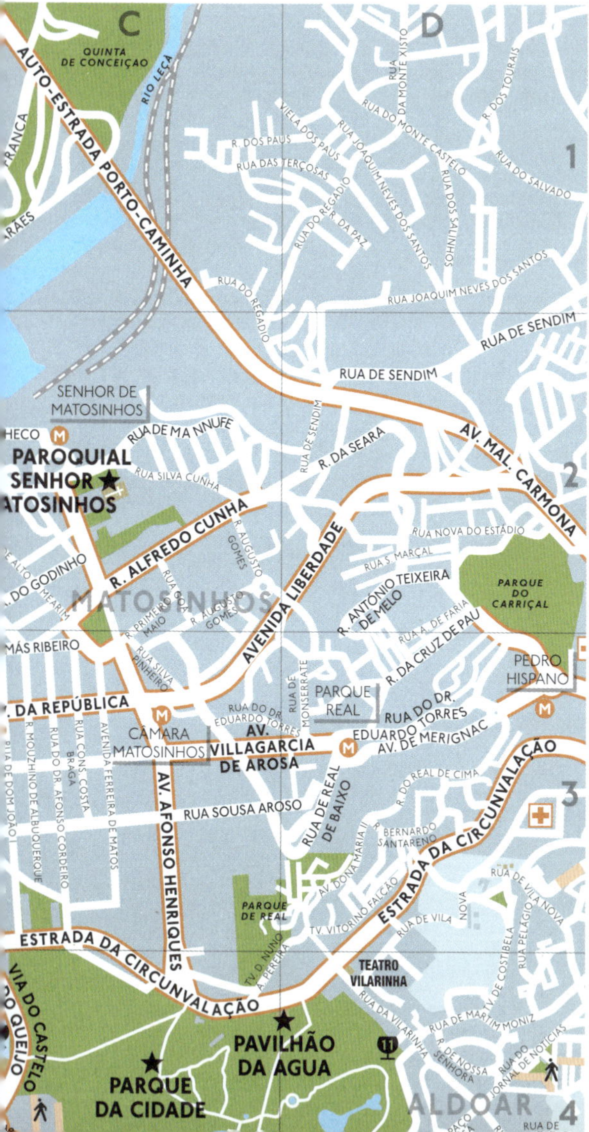

PRAIA DE MATOSINHOS

PAVILHÃO DA AGUA

▼ Plan E

Vivre à l'heure de Porto !

10 bonnes idées pour découvrir Porto autrement !

Prendre le funiculaire
Grâce à la large baie vitrée du nouveau funiculaire (2002), chacun peut s'improviser cinéaste et filmer le temps de l'ascension entre la Ribeira et Batalha, tel Manoel de Oliveira, la ville et le fleuve en travelling panoramique. Les cabines suivent les créneaux de la Muralha Fernandina et se croisent à hauteur du tablier supérieur du Ponte Dom Luiz I.
→ *Funicular dos Guindais* (**A** F2)

Naviguer sur le Douro
En l'absence de barrages en amont, la navigation se révélait autrefois très périlleuse. Aujourd'hui, les *rabelos*, copies modernes des anciennes embarcations amenant le vin de l'Alto Douro à Gaia, transportent les visiteurs en toute sécurité. On lève la tête à chaque passage sous l'un des six ponts, pour les admirer… Splendides vues sur la Ribeira et les autres rives moins connues mais non dénuées de charme.
→ *Cais dos Barcos Rabelos* (**D** B2)

Goûter le *pastel de nata*
En matinée ou dans l'après-midi, prendre le temps d'une petite pause dans l'une des nombreuses *confeitarias* de la ville. On y déguste la traditionnelle petite tarte aux œufs caramélisés saupoudrée de sucre et de cannelle, accompagnée d'un *cimbalino* (expresso classique) ou bien d'un *pingo* (avec du lait).
→ *Confeitaria do Bolhão* (**C** B2) *; Confeitaria Ateneia* (**C** A2)

Aller au Mercado do Bolhão (C B2)
Seul rescapé, après les fermetures de tous les autres marchés de la ville. Ses étals de poisson, fruits, légumes, olives, épices et viandes fumées distillent de merveilleux parfums. Dans une ambiance conviviale de bousculade, les vendeurs hèlent les clients par des mots doux tels que *Querida* ("ma chérie")…
→ *Agréable petite buvette à l'entrée*

Déguster du porto
Tous les portos ne se ressemblent pas : voilà l'occasion rêvée de découvrir les blancs, les tawny, ruby, millésimés… et d'apprécier toutes les nuances de ce précieux nectar. Toutes les grandes caves de Gaia proposent des dégustations et des visites toujours intéressantes. Au rez-de-jardin du Museu Romântico (**B** A2), terrasse idyllique pour en siroter un verre.
→ *Caves Taylor Fladgate & Yeatman* (**D** D3) *; Bar Terraço Caves Croft* (**D** C3)

DÉGUSTATION DE PORTO

À VÉLO LE LONG DE L'OCÉAN

SARDINES GRILLÉES

ELÉCTRICO

Transports et hôtels à Porto

AVION

Aeroporto Francisco Sá Carneiro (F D1)
→ *Tél. 229 432 400*
www.ana.pt
Au nord-ouest, à 17 km du centre-ville.
Liaisons centre-ville
Métro
→ *Tlj. 6h-1h*
(ttes les 20 min)
Trajet 35 min Tarif 2,40€
Ligne E, accès direct niv. 1
Bus STCP
→ *Tlj. 6h-1h Trajet 45 min*
Tarif 2,40€
Nos 601, 602 et 3M rejoignent la Baixa.
Taxi
→ *Trajet 20 min*
Tarif 20-25€

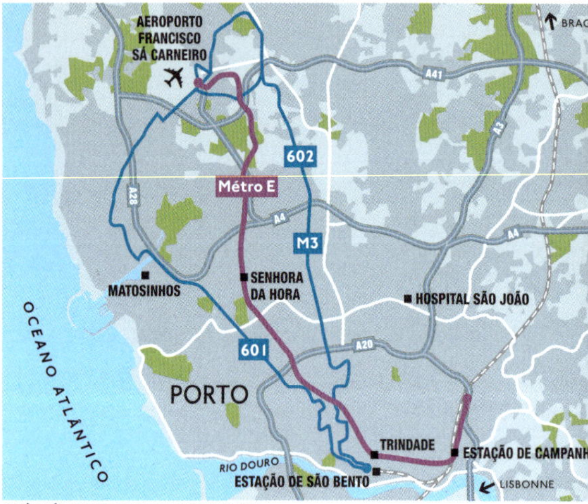

ACCÈS AÉROPORT ET GARES FERROVIAIRES

Sauf mention contraire, les prix indiqués sont ceux d'une chambre double avec salle de bain (sdb), petit déjeuner et taxe hôtelière compris. Une réservation est souvent indispensable en haute saison (juil.-sep.), particulièrement dans les pensions de taille modeste. Il est conseillé de réserver au moins un mois à l'avance. Les prix peuvent varier suivant la saison.

APPARTEMENTS À LOUER

Une solution confortable, souvent plus économique. 2 nuits minimum.

Boavista Palace Residence (E F3)
→ *Rua Dr. Emilio Peres, 74*
Tél. 224 055 846
www.boavistapalace.com
Appartements ultra modernes, tout confort et avec balcon. À deux pas de la Casa da Música, à 250 m de la station de métro Carolina Michaelis, et à 20 min à pied du centre-ville. 60-100€.

AUBERGES DE JEUNESSE

Pousada da Juventude do Porto (E A4)
→ *Rua de Paulo da Gama, 551*
Tél. 226 163 059
www.pousadasjuventude.pt
Dortoirs ou chambres privées dans un intérieur fonctionnel sans charme. Prendre le tram 1 ou le bus 500 pour le centre-ville, ou rejoindre Foz à 15 min à pied. 13-15€/pers. en ch. de 4. Appartement 4 pers. avec cuisine 60-70€. Double 30-40€.

Nasoni Guest Hostel (B F2)
→ *Rua Galeria de Paris, 82*
Tél. 222 083 807
www.nasoniguesthostel.com
8 chambres très joliment décorées dans des tons clairs et 3 dortoirs, situés dans les étages au-dessus des bars les plus animés de la Baixa. 16€/pers. en ch. de 4. Double 30-50€.

The Poets Inn (A D1)
→ *Rua dos Caldeireiros, 261*
Tél. 223 324 209
www.thepoetsinn.com
Tout proche de la Torre dos Clérigos, une *guest house* familiale au décor soigné. Cuisine à disposition. Double 45-55€, avec vue panoramique 65€.

Guest House Duas Nações (B F2)
→ *Praça de G. Gomes Fernandes, 59*
Tél. 222 081 616
www.duasnacoes.com.pt
Modeste pension proche des lieux de sorties nocturnes de la Baixa. Dortoirs, chambres avec ou sans sdb, à la propreté irréprochable. Également des appartements-studios à louer dans la ville. Dortoir 11-22€/pers, double 79€.

- DE 40€

Hospedaria Boavist (E D2)
→ *Av. da Boavista, 880*
Tél. 226 098 376
www.hospedariaboavista.
Située à 200 m de la C da Música, cette aube propose 8 grandes chambres traditionnel au mobilier ancien. Id pour les petits budget 25-30€.

Hotel Grande Rio (hors plan **C** B1)
→ *Rua Santa Helena, 31*
Tél. 225 094 032
www.hotel-grande-rio.cor
Établissement bon marché au calme à l'écart du centre-ville tout en haut de la Rua de Santa Catarina. Sob et fonctionnel. Vélos à louer. 30-38€.

Grande Oceano Guest House (B F2)
→ *Rua da Fábrica, 45*
Tél. 222 038 770

TRAINS, GARES

Paris-Porto
Montparnasse-Campanhã en train *via* Irun et Coimbra : 18h.
Comboios de Portugal
→ *Réservation www.cp.pt*
Gares à Porto
Estação de Campanhã (hors plan **C** F4)
→ *Largo Estação de Campanhã Tél. 707 210 220*
Gare principale de Porto. Trains régionaux et internationaux.
Estação de São Bento (C A3)
→ *Praça de Almeida Garrett Tél. 707 210 220*
Trains régionaux vers Braga et la vallée du Douro.

ELÉCTRICO

MÉTRO SUR LE PONTE DOM LUIZ I

CARS

Eurolines
→ *Tél. 01 41 86 24 21 (France) www.eurolines.fr*
Trajet Paris (Bordeaux, Bayonne)-Porto : 23h. Aller à partir de 57€.
Rodonorte (C B2)
→ *Rua Ateneu Comercial do Porto, 19 Tél. 222 005 637 www.rodonorte.pt*
Trajets régionaux et en Espagne.

TAXIS

Reconnaissables à leurs couleurs crème ou noir et vert. Les prix sont affichés au compteur pour les trajets en ville, et passent à un barème kilométrique hors du périmètre urbain. Mode de transport très bon marché, surtout pour relier Foz à la Baixa le soir.
Tarifs
→ ***Prise en charge***
Lun.-ven. 6h-21h : 3,25€ ; w.-e. et nuit : 3,90€
→ ***Suppléments***
Bagages 1,60€
Réservation par tél. 0,80€
Course 5-8€ en moy.
Radio taxi
→ *Tél. 225 076 400 ou 912 301 251*

VOITURE

Déconseillée dans le centre : les rues sont étroites et à sens unique, et le stationnement est limité à 2h en semaine. On trouve un grand parking souterrain en face de la Torre dos Clérigos (**B** F3).

www.grandeoceano.net
L'entrée en mosaïque colorée contraste avec l'austérité des chambres. Bars de la Baixa juste à côté et vue sur les toits de la ville du dernier étage. 30-50€.
Residencial Pedra Antiga (hors plan **C** 1)
→ *Rua de Santa Catarina, 830 Tél. 222 407 467 www.pedraantiga.com*
La pierre (*pedra* en portugais) est omniprésente dans cette pension familiale aux 8 chambres chaleureuses et agréables. Cuisine à disposition et barbecue dans le jardin pour des repas conviviaux. 32-36€.

40-70€

Rivoli Cinema Hostel (C A2)
→ *Rua Dr. Magalhães Lemos, 83 Tél. 222 174 634 www. rivolicinemahostel.com*
Les fans de cinéma y trouveront leur bonheur : Burton, Godard, de Oliveira ou encore Spielberg, les chambres sont à choisir selon son réalisateur ou son film préféré pour une déco appropriée. Transats et piscine gonflable sur le toit. 40-50€.
Hotel São Marino (B E2)
→ *Praça Carlos Alberto, 59 Tél. 223 325 499 www.residencialsmarino.com*
Un établissement modeste et bon marché donnant sur une petite place fleurie, à deux pas de l'église do Carmo et du café Âncora d'Ouro (O Piolho) (**B** E3). 14 chambres impeccables. 40-50€.
Hotel Peninsular (C B2)
→ *Rua de Sá da Bandeira, 21 Tél. 222 003 012 www.hotel-peninsular.net*
Juste au-dessus de la gare São Bento, une soixantaine de chambres assez classiques et simples, mais pour la plupart spacieuses et lumineuses. 40-78€.
Hotel Moov (C B3)
→ *Praça da Batalha, 32-34 Tél. 220 407 000 www.hotelmoov.com*
Idéalement placé, ce B&B offre une jolie vue sur l'église de Santo Ildefonso parée d'azulejos. Si la façade Art déco est splendide, les chambres, bien équipées, restent sobres. 44-57€.
Hotel Estoril (B E1)
→ *Rua Cedofeita, 193 Tél. 222 002 751 www.hotelestorilporto.com*
Petit établissement sur la rue piétonne et commerçante de Cedofeita. La moitié des chambres, simplissimes, dispose d'un balcon et d'une vue sur jardin. 45-59€.
Castelo Santa Catarina (C C1)
→ *Rua de Santa Catarina, 1347 Tél. 225 095 599 www. castelosantacatarina.com.pt*

CASTELO DO QUEIJO

PRAIAS DE GONDARÉM

▶ Plan E

lendides boiseries dorées iffent le chœur.

★ Praia de Matosinhos Anémona B3
Av. G. Norton de Matos
la jetée du port, au nord, 'Edifício transparente, sud, une longue plage sable blond, très nvoitée par les surfeurs et eurs avertis. En parallèle, long *paseo* (piétons, vélos, ate) aboutit à l'étonnante *émona* (2004), sculpture alisée avec des filets ıges en hommage x pêcheurs.

★ Pavilhão Agua D4
Estrada Int. da Circunvalação, 43 Tél. 226 151 820
Lun.-ven. 9h30-12h30, 14h-17h30
Le pavillon de l'Eau donne une belle illusion d'optique à la lisière nord du Parque da Cidade : le parallélépipède futuriste en bois semble flotter au-dessus des bassins. Expériences et ateliers liés à l'eau : fabrication d'un courant, cyclone, arc-en-ciel, vagues... Pour les enfants !

★ Parque da Cidade C4
→ *Tlj. 7h-20h*
Un parc paysager (1993) très réussi, sur plus de 90 ha : ouvert sur la mer, il alterne pelouses et bois d'eucalyptus, chemins et lacs artificiels. Faune riche et diversifiée, oiseaux migrateurs.

★ Castelo do Queijo B4
→ *Praça Goncalves Zarco / Foz do Douro Tél. 226 181 067*
Mar.-dim. 13h-18h
Le fort S. Francisco Xavier, à trois échauguettes, complète au XVIIe s. la ligne défensive protégeant l'ancien port au fond de l'estuaire. Petit musée sans intérêt, excepté l'accès, pour la vue, à la plate-forme crénelée.

★ Praias da Conceição, de Gondarém, da Luz, do Caneiro C5-C6
→ *Av. do Brasil*
Entre les plages de la Conceição et du Caneiro, bord de mer jalonné de grandes villas et de petits immeubles cossus. Du *pontão* (jetée) de Foz au Castelo do Queijo, une promenade piétonne se double d'une piste verte (vélos, rollers). Plages de rochers ponctuées de terrasses de café.

★ Forte de São João D6
→ *Av. de Dom Carlos I*
Lieu de flânerie à l'embouchure du Douro, le long de la longue jetée de Felgueira, autour du fort São João da Foz (XVIe s.) et du phare São Miguel-O-Anjo (1527). À côté, l'obélisque de N. Nasoni à l'entrée du jardin ombragé de Passeio Alegre, terminus de l'Eléctrico 1.

Longer le Douro jusqu'à Foz en tramway
Départ toutes les 30 min (de 10h à 18h) entre les stations Infante (**A** C3) et Passeio Alegre (**F** D6), à Foz, pour une mémorable virée à 30 km/h le long du fleuve à bord de l'antique Électrico 1. À l'arrivée à l'embouchure du Douro, au passage sous le pont Arrábida (**E** D4), l'air marin commence à se faire sentir...

Admirer les rives du Douro au coucher du soleil
Du rivage de Gaia, où s'étendent de larges parterres de pelouse ponctués de bancs, on peut profiter l'hiver du soleil couchant, dont les rayons réchauffent les couleurs des immeubles de la Ribeira juste en face. Les ondulations des eaux animent les reflets du tableau dans le Douro... En été, ce sont les rives de Gaia qui sont éclairées en fin de journée.
→ *Cais de Gaia* (**D** D1)

Savourer les sardines grillées sur le port à Matosinhos (F B2)
Vers midi, Rua Heróis de França, tout près du monument en pierre dédié au Padrão do Bom Jesus, des volutes de fumée s'élèvent des barbecues des restaurants. La criée juste en face est un gage de fraîcheur et de qualité des sardines grillées (*sardinhas grelhadas*).
→ *S. Valentim* (**F** B2)

Pédaler le long de l'Océan (F)
Envie de quitter la ville ? De respirer un grand bol d'air iodé ? Le tracé de la piste cyclable suit tout le bord de l'océan Atlantique à l'ouest de Porto. On peut pédaler en toute sécurité loin des voitures, de Foz do Douro, au sud, au phare de Boa Nova (hors plan **F** A1), au nord, en passant par Matosinhos et le Castelo do Queijo (**F** B4). Seul point délicat, la traversée du pont au-dessus du port de Leixões devra se faire à pied, en poussant son vélo !

Sortir jusqu'au bout de la nuit
Auparavant concentrée autour de la Ribeira, la vie nocturne a maintenant migré vers la Baixa. Selon un scénario bien établi : premier verre, de préférence au café Âncora d'Ouro (O Piolho) (**B** E3), puis migration vers 22h autour de la Rua Galeria de Paris (**B** F2), de la Travessa Cedofeita (**B** E2) ou de la Praça D. Filipa de Lencastre (**B** F2). La température monte surtout les vendredis et samedis soir, mais en été, la fièvre est tous les jours au rendez-vous ! Fermeture officielle fixée à 4h ou 6h du matin...
→ *Casa de Ló* (**B** E2) ; *Praça* (**C** A2)

VUE SUR LA RIBEIRA, DE GAIA, EN HIVER

... ET MÊME LE DIMANCHE

Shopping
De nombreux magasins restent ouverts le dimanche, notamment dans la Rua Santa Catarina (**C** C2), où se situe un temple du shopping : **Centro commercial ViaCatarina (C** C1)
→ *Tél. 222 075 600*
Tlj. 10h-21h
www.viacatarina.pt

Restaurants
Toutes les générations de Portuans se retrouvent autour du déjeuner dominical à la maison ou au restaurant ! **Churrascaria Assador Tipico (B** D2), **Cufra Grill (F** B4).

Caves de porto
C'est l'occasion de prendre le temps de découvrir les différents portos. Réserver pour la visite des caves qui sont ouvertes.

Musées
La plupart sont ouverts, une valeur sûre !

Balades le long de l'Atlantique
Du quartier de Foz de Douro (**F** D6) à celui de Matosinhos (**F** C2) : jogging, balades à pied ou à vélo, puis pause gourmande de poisson grillé dans une des *churrasqueiras* des rues Heróis de França et Serpa Pinto (**F** B2).

Transports et hôtels à Porto

Les échappées

AVEIRO

ALTO DOURO

À 1 heure de Porto, balades et bonnes adresses !

Guimarães
→ *À 50 km au nord-est*
Accès en train (trajet 1h), départ gare de São Bento
Dédale de ruelles au cœur d'un quartier médiéval intact, Guimarães est une des plus anciennes cités du pays. En haut de la colline trône l'impressionnant Paço dos Duques de Bragança, avec ses tours crénelées. Les grands comme les petits apprécieront le trajet en téléphérique vers Notre-Dame de Penha. Ce magnifique sanctuaire de style Art déco a été édifié en 1930 par l'architecte José Marques da Silva, également à l'origine de la gare São Bento (**A** F1).

Taberna Trovador
→ *Largo do Trovador, 10*
Tél. 253 082 948
Tlj. 12h-23h (2h ven.-sam.)
Typique du nord du Portugal, une adresse agréable au décor de granit et de bois sombre où goûter la cuisine régionale : gésiers, acras, beignets de morue, *alheiras* (saucisses à base de pain et de viande). L'accueil est chaleureux, et en français ! Plat 10-18€.

Amarante
→ *À 55 km à l'est Accès en car (trajet 50 min), départ gare routière Rodonorte, arrêt Estação do Queimado*
Les maisons du XVIe s. de cette petite citadelle, son pont du XVIIIe s. enjambant la rivière Tamega, et l'Igreja São Gonçalo (1543) en font l'une des plus charmantes villes du nord du pays. À voir également : le monastère du XVIe s.

Adega A Quelha
→ *Rua de Olivença, 20*
Tél. 255 425 786 Tlj. 11h30-22h
Ici, pas de jolie vue sur la rivière, mais une salle sombre telle une grotte creusée dans la roche. L'endroit, aux lignes assez contemporaines, est doté d'un certain cachet. Cuisine très correcte, généreuse et bon marché. Terrasse. *Meia-dose* 6€.

Braga
→ *À 60 km au nord*
Accès en train (trajet 50 min), départ gare de São Bento
La capitale de la région du Minho détient un nombre record d'églises de style baroque et des rues piétonnes animées. Jardins romantiques au Palácio dos Biscaínhos. Ne pas manquer, à 5 km à l'est de Braga (*accès bus n° 2*), le majestueux sanctuaire néobaroque de Bom Jesus do Monte et son incroyable escalier.

Colher d'Pau Taberna
→ *Praça Velha, 17*
Tél. 253 269 298
Lun.-sam. 19h-0h
Voilà un restaurant typique, paisible et agréable ! De bons petits plats préparés avec cœur, accompagnés d'un vin de la région. Une formule tout compris (digestif inclus) à prix très raisonnable ! Service en français. Menu 10€.

Barcelos
→ *À 65 km au nord*
Accès en train (trajet 1h), départ gare de São Bento
Cette ville élégante du XVe s.,

BRAGA / BOM JESUS DO MONTE

LES ÉCHAPPÉES

perchée sur une colline, est pourvue d'une partie ancienne très plaisante et reposante, bien que dénuée de monuments spectaculaires. Sur le Campo da República, le jeudi, marché d'artisanat populaire, l'un des plus importants et animés du pays.

Restaurante Bagoeira
→ Av. Dr Sidónia Pais, 495
Tél. 253 813 088 Tlj. 12h-22h30
Cette institution pluricentenaire de Barcelos sert une cuisine traditionnelle de la province du Minho, très correcte et souvent copieuse : ragoût de *cabrito* (chevreau), pot-au-feu de porc, poulpe, morue, anguille... Sept salles. Plat 15€.

Aveiro

→ À 80 km au sud
Accès en train (trajet 50 min), départ gare de São Bento
Une petite Venise à proximité de Porto, à visiter en *moliceiro* (la gondole portugaise). On navigue dans cet ancien port de pêche le long de canaux où défilent de jolis façades Art nouveau. Parmi les spécialités d'Aveiro : le sel des marais salants, les huîtres et une gourmandise locale à base de jaune d'œuf, les *ovos moles*.

Salpoente
→ Canal São Roque, 82-83
Après le Ponte de Carcavelos
Tél. 234 382 674
Lun.-sam. 12h-15h30, 19h30-22h30
Bien qu'un peu excentré, un incontournable pour la population locale, installé dans un ancien entrepôt à sel. Service et cuisine de qualité, ambiance feutrée. Plat 18-25€.

Ponte de Lima

→ À 85 km au nord
Accès en voiture (trajet 50 min) ou en bus Ovnitur (trajet 1h35, www.ovnitur.pt), départ gare de Campanhã
Située au cœur d'une importante région productrice de *vinho verde*, cette très jolie bourgade doit son nom et sa notoriété à son pont aux seize arches (dont cinq datent de l'époque romaine) enjambant le fleuve Lima.

Casa Alameda
→ Alameda de São João, 40
Tél. 258 941 630 Mar.-dim. 11h30-15h, 18h30-21h30
En plein centre historique, la Casa Alameda sert une cuisine régionale : *arroz de sarrabulho* (ragoût de riz au poulet ou au porc) ou *rojões* (ragoût de porc aux pommes de terre). En mars, on peut déguster la *lampreia* (lamproie) du fleuve Lima. Réserver. Plat 12€.

Alto Douro

→ À 90 km à l'est
Accès en train (trajet 1h50), départ gare de São Bento ou Campanhã, arrêt Regua ; ou en bateau de croisière (1j. aller-retour, tél. 223 402 500 www.douroazul.com)
Entre Peso da Régua et Pocinho, paysages exceptionnels de vignobles millénaires en terrasse le long du Douro, classés au patrimoine mondial par l'Unesco.

A Tasquinha
→ Rua Branca Martinho, Peso da Régua Tél. 254 318 070
Tlj. 10h-22h
Ici, la cuisine traditionnelle portugaise est reine : morue rôtie sur le gril, agneau cuit au four, poulpe grillé. Décor simple, mais accueillant. Plat 9-14€.

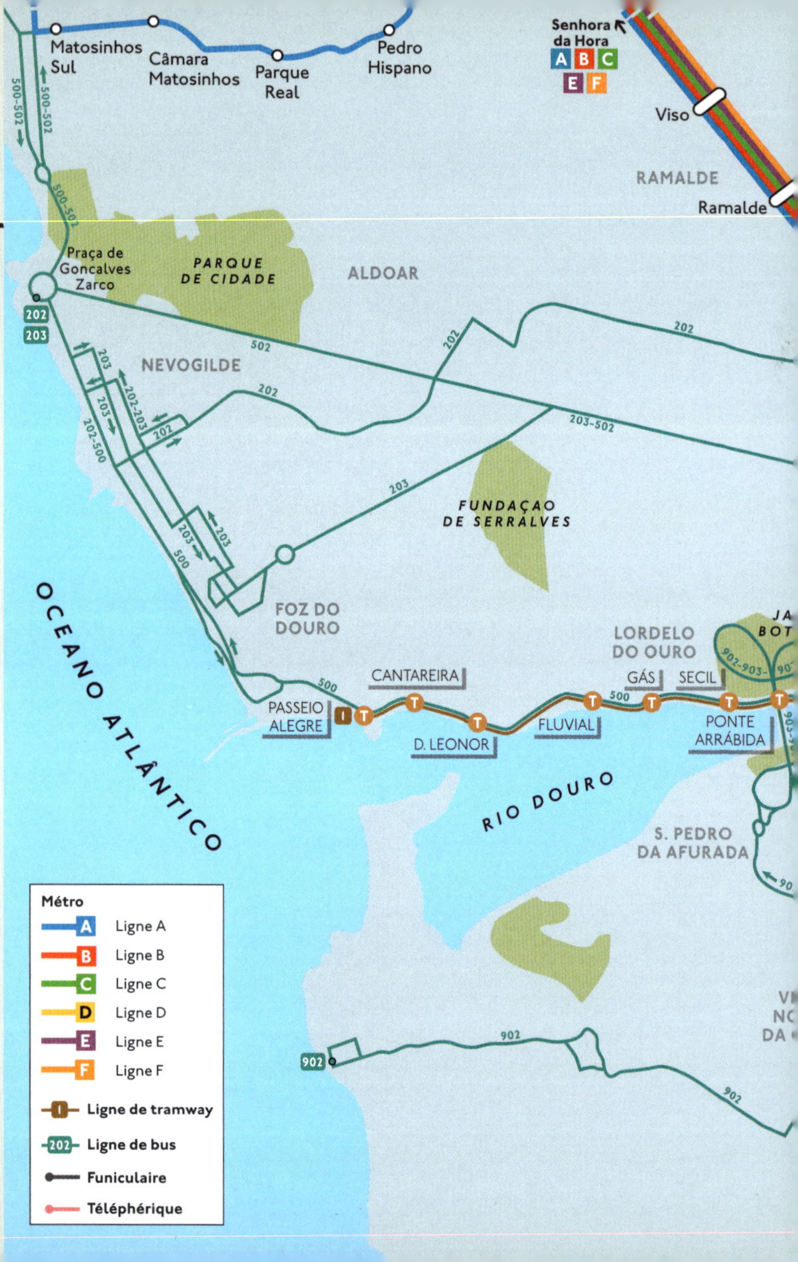
Matosinhos Sul
Câmara Matosinhos
Parque Real
Pedro Hispano
Senhora da Hora
A B C
E F
Viso
RAMALDE
Ramalde
500-502
Praça de Goncalves Zarco
PARQUE DE CIDADE
ALDOAR
202
203
502
NEVOGILDE
202-203
202-500
203-502
203
500
FUNDAÇAO DE SERRALVES
FOZ DO DOURO
LORDELO DO OURO
OCEANO ATLÂNTICO
CANTAREIRA
PASSEIO ALEGRE
D. LEONOR
FLUVIAL
GÁS
SECIL
PONTE ARRÁBIDA
902-903-
RIO DOURO
S. PEDRO DA AFURADA
902
Métro
Ligne A
Ligne B
Ligne C
Ligne D
Ligne E
Ligne F
Ligne de tramway
Ligne de bus
Funiculaire
Téléphérique

D Hospital São João
IPO
Pólo Universitário
PARANHOS
PARQUE DE CAMPISMO DA PRELADA
Salgueiros
QUINTA DO COVELO
Francos
Combatentes
Fânzeres F
Estádio do Dragão
A B C E
PARQUE DE SAN ROQUE
Casa da Música
Carolina Michaelis
Lapa
Marquês
Mouzinho ...uquerque
Faria Guimarães
CEDOFEITA
Trindade
BONFIM
Bolhão
Campo 24 Agosto
MUSEU DO CARRO ELÉCTRICO
HOSPITAL SANTO ANTÓNIO
SUPER BOCK CARMO
Aliados
PRAÇA LIBERDADE
ENTRE QUINTAS
RESTAURAÇÃO
VIRIATO
CARMO
São Bento
GUINDAIS
Heroísmo
Campanhã
MUSEU DO VINHO DO PORTO
BATHALA
ALFÂNDEGA
RIBEIRA
INFANTE
VILA NOVA DE GAIA
RIO DOURO
Jardim do Morro
SANTA MARINHA
General Torres
Câmara Gaia
MAFAMUDE
João de Deus
D Santo Ovídio

Index des rues, des monuments et des lieux de visite

Les noms de rues et de lieux de visite, classés par ordre alphabétique, sont suivis d'un carroyage, dont la lettre en gras **A, B, C...** indique le quartier et la carte correspondante. L'étoile ✪ renvoie à la page "Les incontournables" en début d'ouvrage.

Rues